I0421194

Psicotecnica Papers

Psicotecnica Papers is a quality label for scientific psychological contributions (*Psicotecnica* is psychotechnique in the Latin-European Italian cultural way) made accessible globally in English or/and in Italian. The *Psicotecnica Papers* are produced under the supervision of the Psicotecnica Workshop in the Department of Psychology, at the six centuries old Università di Torino, coordinated by Felice Perussia, full professor of general psychology (and founding Dean of the Turin Faculty of Psychology). Although many *Psicotecnica Papers* obtain considerable success among scholars, professionals and students: *Psicotecnica Papers* are selected only by the fact of being scientifically sound, and not because they are commercial texts.

Psicotecnica Papers:
New Series

1. Felice PERUSSIA, Rossella GUARNA - *PsyLogy Tables: Introducing the official format*. Milano: Psicotecnica, 2012.
2. Justinus KERNER - *Klecsographien* (1857-1890). Ristampa anastatica a cura di Felice Perussia, con il saggio: *Macchie d'Inchiostro, Kerner, Dearborn, Rorschach e le psicotecniche proiettive*. Milano: Psicotecnica, 2012.

PSICOTECNICA PAPERS
from the
Psicotecnica Laboratory

n. 2

Curatore della Serie: Felice Perussia
Direttore dello Psicotecnica Laboratory

Dipartimento di Psicologia
Università degli Studi di Torino
Established in 1404

SUPPORTO EDITORIALE GENTILMENTE OFFERTO PRO BONO
DA PSICOTECNICA EDIZIONI MILANO ITALIA
papers.psicotecnica.it

LA DISTRIBUZIONE E GLI ASPETTI ECONOMICI
DELLA PRESENTE EDIZIONE SONO GESTITI DA

Justinus Kerner

KLEKSOGRAPHIEN

Con le illustrazioni di Justinus Kerner (1857)

Riproduzione anastatica
della prima edizione originale

Felice Perussia

Macchie d'Inchiostro,
Kerner, Dearborn, Rorschach
e le psicotecniche proiettive

PSICOTECNICA PAPERS
n.2 - 2012

Psicotecnica edizioni
Milano

Kleksographien (1857-1890)
[Il libro è del 1857; la prima edizione pubblica a stampa è del 1890, ma forse precedente]
By Justinus Kerner

© **Copyright 2012**
by : Felice Perussia

ISBN-13: 978-1482342048
ISBN-10: 1482342049

Il supporto editoriale è gentilmente offerto pro bono
e per il libero sviluppo scientifico da
Psicotecnica, Cirene 3, Milano, Italia
www.papers.psicotecnica.it

Stampato da CreateSpace
www.createspace.com

Gli Psicotecnica Papers sono disponibili anche in formato e-book

La commercializzazione delle copie così come
i diritti d'autore per questa edizione sono gestiti da
CreateSpace, Seattle, WA, USA

SUMMARY

KLEKSOGRAPHIEN

Justinus Kerner

Kleksographien

von

Justinus Kerner.

Mit Illustrationen nach den Vorlagen des Verfassers.

Deutsche Verlags-Anstalt.
Stuttgart, Leipzig, Berlin, Wien.

Druck und Papier der Deutschen Verlags-Anstalt in Stuttgart.

JUSTINUS KERNER

Die Kleksographie.

Es wird wohl manchem bei Lesung und Betrachtung dieser Blätter vielleicht zu Sinne kommen, wie er schon in frühester Jugend durch Zerdrückung von kleinen färbenden Beeren, ja gar Fliegenköpfen und so weiter auf zusammengelegtem Papier, ohne Kunst, ohne Hilfe von Bleistift und Pinsel, Zeichnungen hervorgehen sah. Dessen erinnere ich mich auch noch aus meiner Jugend.

Die Zunahme meiner halben Erblindung war die Ursache, daß ich es in diesem jugendlichen Spiel weiter brachte; denn dadurch fielen mir, wenn ich schrieb, sehr oft Tintentropfen aufs Papier. Manchmal bemerkte ich diese nicht und legte das Papier, ohne sie zu trocknen, zusammen. Zog ich es nun wieder von einander, so sah ich, besonders wenn diese Tropfen nahe an einen Falz des Papiers gekommen waren, wie sich manchmal symmetrische Zeichnungen gebildet hatten, namentlich Arabesken, Tier- und Menschenbilder und so weiter. Dies brachte mich auf den Gedanken, diese Erscheinung durch Uebung zu etwas größerer Ausbildung zu bringen.

Das Verfahren und die dadurch entstandenen Bilder teilte ich schon vor sieben Jahren vielen meiner Freunde aus der Nähe und Ferne mit, auch wurden sie sehr oft in Albums von Freundinnen mit einer Erklärung

15

VI

durch einen von meiner Hand geschriebenen Vers begehrt, auch in
Lotterien zu Stuttgart und Dresden, die wohlthätige Frauen zum Besten
der Armen veranstaltet hatten, für solche gewinntragend freudig aufgenommen.

Dieses Spiel mit den dicken Klekfen verbreitete sich auch damals
bald unter vielen und wurde eine Zeit lang in unserer Gegend und auch
in der Ferne fast zu einem Modespiel von Alten und Jungen, selbst in
Schulen oft zum großen Jammer der Lehrer. Ein Liebhaber dieser
Kunst in Stuttgart hat sogar, wie ich höre, derlei Tintenbilder durch
Lithographie vervielfältigen lassen.

Schon vor sieben Jahren gab ein geistreicher Freund der Kunst und
des Humors der Art, solche Bilder aus Tintenklekfen zu machen, den
Namen der Klekfographie. Auch die in diesen Blättern gegebenen
Bilder entstanden auf keine andere Weise. Ich will hier nur noch etwas
ausführlicher wiederholen, wie solche Bilder entstehen und auch diese
entstanden.

Tintenklekfe (schwäbisch Tintensäue), die auf der Seite des Falzes
(auf dessen rechter oder linker Seite, aber nie auf beiden) eines zusammen-
gelegten Papiers gemacht werden, geben (nachdem man das Papier
über dieselben legte und sie dann mit dem Ballen oder dem Finger der
Hand bestreicht), kraft ihrer Doppelbildung, die sie durch ihr Zerfließen
und Abdruck auf dem reinen Raume der anderen Seite der Linie erhalten,
der Phantasie Spielraum lassende Gebilde der verschiedensten Art. Be-
merkenswert ist, daß solche sehr oft den Typus längst vergangener Zeiten
aus der Kindheit alter Völker tragen, wie zum Beispiel Götzenbilder,
Urnen, Mumien und so weiter. Das Menschenbild wie das Tierbild
tritt da in den verschiedensten Gestalten aus diesen Klekfen hervor, besonders sehr häufig das Gerippe des Menschen. Wo die Phantasie nicht
ausreicht, kann manchmal mit ein paar Federzügen nachgeholfen werden,

VII

da der Haupttypus meistens gegeben ist. So kann zum Beispiel ein Menschenbild in seiner ganzen Gestalt und Bekleidung herauskommen, jedoch vielleicht ohne Kopf, Hand und so weiter, wo, was auch in nachstehendem geschehen, hie und da das Fehlende leicht zu ersetzen ist.

Bemerkt muß werden, daß man nie das, was man gern möchte, hervorbringen kann und oft das Gegenteil von dem entsteht, was man erwartete.

Es kamen also auch diese hier gegebenen sogenannten Hadesbilder nicht durch meinen Willen und durch meine Kraft hervor, ich bin der Zeichnungskunst ganz unfähig, sondern sie kamen auf jene oben beschriebene Weise allein durch Tintenklekse zu Tage und erforderten dann oft gar keine, oft nur unerhebliche Nachhilfe durch einige Federstriche, oder durch künstliche Nachzeichnung von Gesichtern.

Zu bemerken habe ich auch noch, daß diese Bilder natürlich nicht nach dem Texte, sondern daß der Text nach ihnen gemacht wurde, und so möge auch der Leser und Betrachter dieser Blätter sie und ihre Erklärung in Versen mit Nachsicht aufnehmen.

Im Februar 57.

Justinus Kerner.

Klekſographien.

1

19

JUSTINUS KERNER

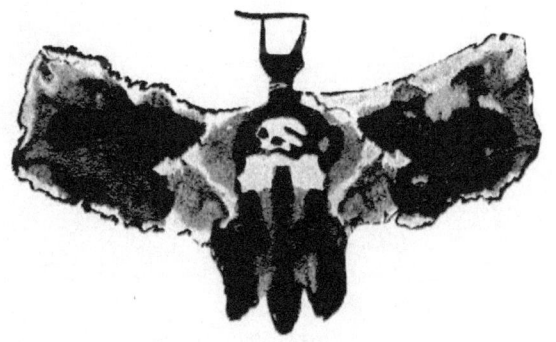

Memento mori!

Jedweder trägt in sich den Tod,
Wenn's außen noch so gleißt und lacht,
Heut wandelst du im Morgenrot
Und morgen in der Schatten Nacht.
Was klammerst du dich also fest,
O Mensch! an diese Welt, den Traum?
Laß ab! laß ab! eh sie dich läßt,
Oft fällt die Frucht unreif vom Baum,
Ruf auf! ruf auf den Geist, der tief
Als wie in eines Kerkers Nacht
Schon längst in deinem Innern schlief,
Auf daß er dir zum Heil erwacht.

~☆ 4 ☆~

Aus hartem Kieselsteine ist
Zu locken ird'schen Feuers Glut,
O Mensch! wenn noch so hart du bist,
In dir ein Funke Gottes ruht.
Doch wie aus hartem Steine nur
Durch harten Schlag der Funke bricht,
Erfordert's Kampf mit der Natur,
Bis aus ihr bricht das Gotteslicht.
Drum ringe, schaffe, bis der Geist,
Thut's auch dem Fleische weh, gesiegt,
Sich aus der Nacht zum Lichte reißt
Und unter ihm die Schlacke liegt.

5

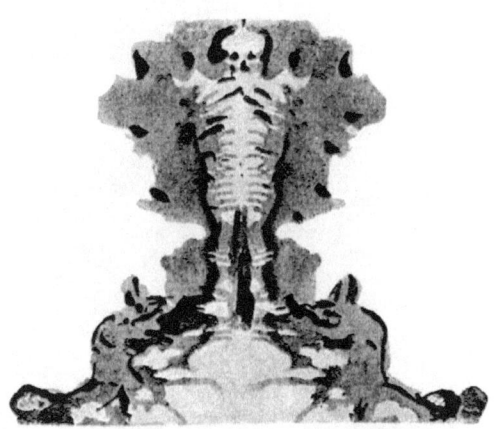

Den Hadesbildern noch zuvor
Erhoben aus der Tinte Nacht
(Mein Herz hat nicht an sie gedacht)
Die Todesboten sich empor.

~ 6 ~

Todesboten.

Die fliegende Todesbötin schau,
Ein schlimmes Gespenst wie die weiße Frau;
Wenn solche nachts flieget in ein Haus,
An das Fensterglas legt wie Glühwurms Schein
Den Kopf, daß er leuchtet ins Zimmer hinein,
So trägt man da Eines bald tot hinaus.

Der vor'ge Geist verkündet einz'lne Leichen,
Der doch vorausgeht langen schwarzen Seuchen,
Vor dieses Nachtgespensts Erscheinen
Hört man oft fern ein Klagen, Weinen,
Der Glaskopf spricht: „Das ist ein Heulen
In der Waldeinsamkeit von Eulen."

8

Doch bald auch er sieht wie der Bauer,
Daß hoch sitzt auf der Kirchhofsmauer
Die Klagfrau, nun auch ihm ein Graus,
Die strecket weitaus ihre Arme
Und rufet in die Nacht hinaus:
„Daß Gott sich eurer Seel' erbarme!
Bestellt, bestellet euer Haus!
Bald bricht der schwarze Tod hier aus!"
Und drauf zerfließet sie in Luft.
Doch bald erscheint dann jene Seuche,
Zum Kirchhof trägt man Leich' an Leiche,
Daß bald ihm mangeln Grab und Gruft.

— 9 —

Oft einer geht ehrsam und fromm einher
Und jeder meint, daß er das wirklich wär',
Doch ach und weh! ein Mantel das nur ist,
Verbergend seines Innern tiefen Mist.
Oft einer geht einher in dieser Welt,
Daß jeder ihn für bös und sündhaft hält,
Er ist es nicht, sein Aeuß'res macht das nur,
Gut ist und fromm die innere Natur.
Du kannst nicht sagen: Der ist rein, ja rein!
Den läßt einst Gott in seinen Himmel ein!
Du kannst nicht sagen: Der ist schlimm, ja schlimm!
Der wird einst fühlen seines Gottes Grimm!
Nein! nein! der Geist, der über der Natur,
Gott, Gott durchschaut des Menschen Innres nur.
Der schicket ganz nach ihrem innern Wert
Die Seele nach dem Tod hinab, hinauf,
Oft anders, als am Grab ihr Lebenslauf
In wohlgesetzter Rede es begehrt.

27

10

Sieh die Raup' in ihrer Puppe
Stillem, dunklem Schattenreich,
Num getrennt von den Genossen,
Einzig in sich selbst verschlossen,
Tot nicht, ob begraben gleich,
Schaut nicht mehr den Tau der Triften,
Ist der Blüt' und Kräuter bar,
Gänzlich nur sich selbst gegeben,
Trägt sie das vergang'ne Leben
In sich als ein Pünktchen klar.
Und in solcher stillen Klause
Streift sie ab ihr Erdgewand,
Reifen ihr die bunten Schwingen,
Die sie einst als Psyche bringen
Himmelwärts aus düst'rem Land.
Sieh die Raup' in ihrer Puppe!
Glaube: daß auch dich der Tod
Einst nicht trägt mit Blitzesschnelle,
Ist dein Inn'res noch so helle,
In ein ew'ges Morgenrot.

Hadesbilder.

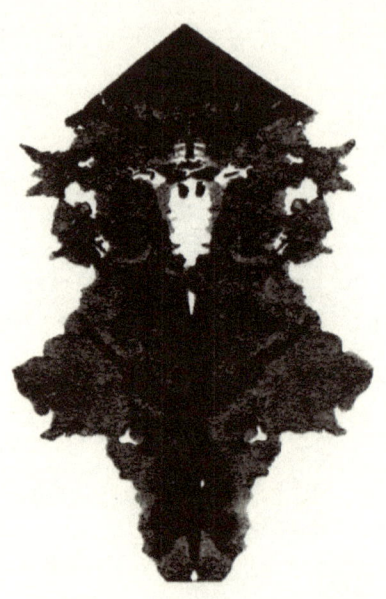

Diese Bilder aus dem Hades,
Alle schwarz und schauerlich,
(Geister sind's, sehr niedern Grades,)
Haben selbst gebildet sich
Ohn' mein Zuthun, mir zum Schrecken,
Einzig nur — aus Tintenflecken.
Habe stets dabei gedacht,
Ueberall wo's schwarz und Nacht

13

Spuket die gespenst'ge Rasse,
Darum auch im Tintenfasse.
Die ihr schreibt, nehmt euch in acht!
Weil ich Kleksograph entdecket,
Daß im Tintenfaß oft stecket
Eines gift'gen Dämons Macht.

Hier das Tintenfaß mit stummer Feder,
Wenn man's umdreht, sieht mit Staunen Jeder:
Wie in einen Dämon tierisch kraß
Sich umwandelt oft das Tintenfaß.

⚬ 15 ⚬

Vom Hades ist dies schwarze Blatt ein Bild,
Hier ist kein Sternenhimmel, kein Gefild,
Kein Menschenlaut ist hier, kein Vogelsang,
Hier rauscht kein Bach ein grünes Thal entlang,

Hier schweigt des Marktes lärmender Verkehr,
Hier, wo nur Schatten schweben stumm umher.
Der Eine weiß vom Andern hier kein Wort,
Er meint, er sei allein an diesem Ort,
Am Orte, wo sie Schlimmes einst vollbracht,
Hier schweben sie als Schatten durch die Nacht.
Ihr Schatten hier in schwarzer Einsamkeit
Macht auch zur Einkehr in euch selbst bereit!

33

⚘ 16 ⚘

Hier streift die Erdenschwere von euch ab,
Die euch das vor'ge irre Leben gab,
Die also schwer die Seele euch umfing,
Daß sie statt aufwärts — weh, nach unten ging!

~☙ 17 ☙~

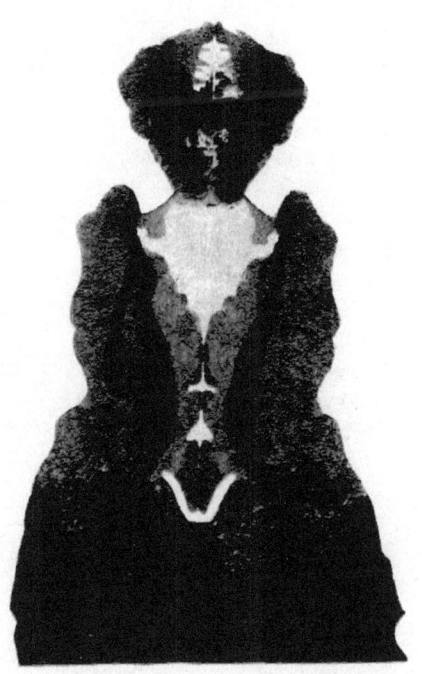

Dies ist Frau von Schnepper, ha!
Hocherstaunt nach ihrer Leiche,
Als sie sich im Mittelreiche,
Nicht im Himmelreiche sah.
„Einen Schnepper an meinem Kleid!"
Sprach sie sterbend noch zum Schneider,
Einzig wegen schöner Kleider
Hat der Sonntag sie erfreut.

Kleksographien.   3

~ 18 ~

Jetzt doch rief sie: „Hu der Nacht!
Als mein Leib mir wurde starrer,
Sprach doch zu mir der Herr Pfarrer:
,Bald Sie schaun des Himmels Pracht,
Schon ein Engel steht bereit,
Sie zu führ'n in Gottes Arme,'
Und nun, daß sich Gott erbarme!
Und nun welche Einsamkeit!
Wo ist nun des Himmels Pracht,
Ist die Sonne, sind die Sterne?
Nur mein Kleid (noch seh ich's gerne)
Blieb mir in des Hades Nacht —
Da ruft's fern her: ,In dich geh!
Nieder zog dich Erdenschwere,
Deine trübe Seele kläre,
Dann erst schwebet sie zur Höh'.
Hier in Nacht dir Licht erring,
Bis dir fällt vom Aug' die Schuppe,
Wiß! erst in der Nacht der Puppe
Wird die Raup' zum Schmetterling!'"

———

—ᛒ 19 ᛒ—

𝔄ls ich heut klekſographiret,
Statt mit Tinte mit Kaffee,
Da kam ſchnell heranſpazieret
Die Frau Rätin Salome.
Täglich ging die zur Viſite,
Einmal, wenn nicht zweimal gar,
Setzte ſich auf Sophas Mitte,
Weil ſie die Gelehrt'ſte war.

—❦— 20 —❦—

Angestaunt von den Frau Basen
War sie solchen allen gut,
Jene nur das Kochbuch lasen,
Sie doch die Frau Wildermuth.
Sterbend sprach sie: „Zur Visite
Muß ich, hebet mich zur Höh'!"
Doch der Tod kam, sprach: „Ich bitte
Sie zu mir heut zum Kaffee!"
Weh! nun sitzt schon viele Wochen
Sie in Hades Einsamkeit,
Doch als sie Kaffee gerochen,
Hat sie herzlich das erfreut;
Sie ist gut, will oft citiren
Sie, weil es ihr Freude schafft,
Gerne sie kleksographiren
Mit des Kaffees duft'gem Saft.
Aber als ich's wollt' probiren,
Sogar mit Mokkakaffee,
Ließ sie nimmer sich verführen;
Deutlich ich daraus erseh',
Daß sie von der Erde Tand
Reuig sich zu Gott gewandt.

———

～ 21 ～

Wer kommt so bleich herausgekrochen?
Ob der auch wohl den Kaffee roch?
Die Tinte, ha! hat er gerochen,
Die zieht ihn an im Hades noch.

Nur Akten waren seine Freude,
Sein einz'ger Freund der Schreibebock,
Die Geldkass' seine Augenweide,
Der Schreibfilz seiner Seele Rock.

22

„Ich ſitze,“ ſpricht er, „weh! ohn' Feder
In einem leeren Tintenfaß,
Weil einſt ich einem Hochverräter
Ums Geld ſchrieb einen falſchen Paß.

O wollet an den Finger ſtreichen
Nur einen Tropfen Tinte mir!
Und ſollt der Tropfen mir nicht reichen,
Doch zwei, auch Federn und Papier.

Beweiſen will ich Gott ganz gründlich
In ſchlagender Beſchwerdeſchrift,
Daß nach dem Strafgeſetzbuch ſündlich
Es iſt, daß mich der Hades trifft.“

„Zurück!“ rief ich, „du, deſſen Seele
Nichts als ein ſand'ger Schreibfilz iſt,
Ein wüſter Filz, Neſt all der Fehle,
Ob deren du im Hades biſt!“

Da zog den Kopf zurück er ſchnelle,
Fuhr in ſein leeres Tintenfaß,
Doch ſchien er mir dabei mehr helle,
Der Reue Zeichen iſt mir das.

23

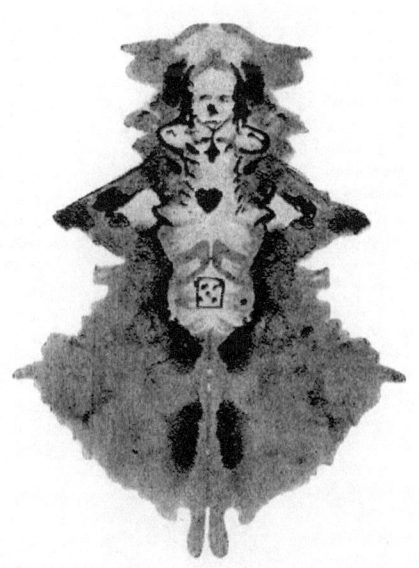

Eine Geistin ist dieses, die im Leben einst ganz
Einzig gelebt hat für Spiel und für Tanz;
Sie hatte kein Herz, hat auch keins gekannt,
Als das Herz auf der Karte, Coeur Aß benannt.
In den Spiel- — in den Tanzsaal, in den Betsaal doch nie
Trugen die luftigen Füße sie,
Nach dem Tode ein Luftgeist, in Lüften stumm
Wirbelt sie ohne Tänzer herum,
Sie wirbelt im Regen, sie wirbelt im Schnee,
Oft hört man im Sturmwind sie rufen: „Weh! weh!"

Dies Gespenst ist fürchterlich!
Mitternachts erhebt es sich
Aus des Herrn Baronen Gruft.
Dann, wenn's einen Bauern sieht,
Stürzt es auf ihn aus der Luft,
Hängt sich an sein Herz und zieht

25

Alles Blut aus solchem schier.
Dies Gespenst heißt man „Vampyr".
Ob das der Baron einst war,
Will und kann ich glauben nicht,
Das wär' gar zu arg fürwahr!
Fragt man, leis der Bauer spricht:
„'s war des Herrn Barons sein alter
Gilteintreiber und Verwalter."

26

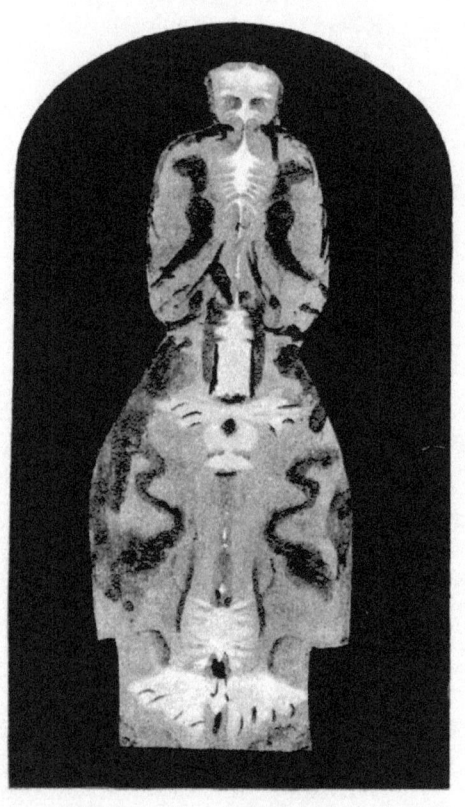

— 27 —

Ha! schaut den bleifarb'gen Mann,
Der hat auf seiner Lebensbahn
Einst nichts gefühlt und nichts gedacht,
Als wie man falsche Münze macht.
In dem Gewölbe, wo er sann,
Kommt er als Nachtgespenst oft an,
Dann mischt sich des Gewölbes Luft
Mit Bleidampf und mit Leichenduft.

Stumm einen Mörser trägt er her
Und stoßt als wenn was in ihm wär;
Der Mörser aber der ist leer,
Denn jeder Stoß gibt einen Schall,
Hell wie die Sünderglöcklein all;
Bei jedem Stoße blickt er stumm
Und scheu in dem Gewölb herum,
Dann schleppt er einen Sack herbei
Und zählt, dumpf tönt's wie Zinn und Blei.

So tönt es bis zum Hahnenschrei,
Und plötzlich dann in Schwefelluft
Zerfließet der bleifarb'ne Schuft,
Und bis zu seiner Wiederkehr
Ist's im Gewölbe stumm und leer.

———

28

Diese Feuerruferin,
Rief'ger Schmetterling der Nacht,
Flieget, wenn kein Mensch mehr wacht,
Manchmal über die Dächer hin.
Dann sich rötet rings die Luft,
Als ob's brenne ungeheuer,
Und wie voll Verzweiflung ruft
Aus der Luft es: „Feuer! Feuer!"
Wer es hört, ruft's nach und rennt
Fort und ruft: „Wo brennt ein Haus?"
Doch die Röte losch schon aus
Und ringsum es nirgends brennt.
Dann nach sieben Tagen sieht
Klar der Wächter auf dem Turm
Ein furchtbares Feuer, zieht
Alle Glocken an zum Sturm.

—❦ 29 ❦—

Glocken tönen auch vom Land,
Feuerspritzen rasseln her,
Doch der Wind weht allzusehr
Und zehn Häuser frißt der Brand.
Wer die Feuerruferin
Einst im Erdenleben war,
Das ist jedem Landmann klar
Und kein Glaskopf irre ihn!
Ha! sie war ein böses Weib,
Das erdrosselt ihren Mann,
Zu verbergen seinen Leib,
Zündete das Haus sie an.
Zornig wehte dann der Wind,
Immer mehrte sich die Glut,
Zehen Häuser fraß geschwind
Und sie mit des Feuers Wut.
Sieben Tag doch, eh' ein Brand
Ruft zu Hilfe Stadt und Land,
Packt zu ihrer Buße dann
Plötzlich sie ein mächt'ger Wind,
Wirbelt mit ihr auf geschwind,
Daß den Brand sie sage an.
„Feuer!" sie gezwungen ruft
Und zerfließt in rauch'ge Luft.

Aus des Burgverliefes Trümmer
Steiget in des Mondes Schimmer
Oft der Alte bleich herauf.
Schlimm war feines Lebens Lauf,
Wein trank er in vollen Zügen,
Weniger würde daran liegen,
Schlimmeres doch hat er geftiftet:
Denn in einem Kelch voll Punfch
Hat er feine Frau vergiftet,
Die nicht war nach feinem Wunfch.

⭑ 31 ⭑

Thalwärts zieht es ihn nun immer,
Suchen will er jenes Haus,
Wo er einst bei einem Schmaus
Jene Greuelthat vollbracht.
Sucht und sucht, doch findet's nimmer,
Denn bei Kaiser Konrads Schlacht
Fiel es schon in Asch und Trümmer;
Doch er schwebt noch immerdar,
Schwebet schon viel hundert Jahr.
Oft durch meinen Garten schwebt er,
Dann den Kelch, den schwarzen, hebt er
Vor dem Kreuz am Schweizerhaus
Stöhnend in die Nacht hinaus.
Drauf vom Kreuzesbilde immer
Sinkt auf ihn ein heller Schimmer,
Und ich glaub', daß jetzt dem Armen
Reue kommt und bald Erbarmen.

32

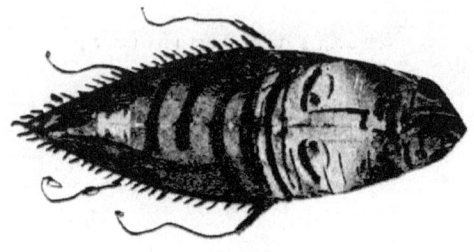

Gar eine Puppe, jenes Zwitterding
Zwischen der Raupe und dem Schmetterling,
Stieg aus dem Hades auf ganz flügellos.
„Zurück mit dir in Schattenreiches Schoß,
Bis Flügel dir gewachsen licht und groß!"
„Die kommen nicht, ich ließ schon lang mich narren,
Nicht länger will ich in der Nacht mehr harren,
Ein Dummkopf ist der spricht: ,Durch Nacht zum Licht!'
Durch den Verstand zum Licht, nicht durch die Nacht!
So hat's mein lichter Kopf sich stets gedacht."
Also die irre Seele zu mir spricht.
Ich aber sprach zu ihr: „Dein trotziges Gesicht
Schaut aus der Puppe noch wie's ehmals war,
Und jene schwere Mütze, die sogar
Du noch im Hades nicht hast abgestreift,
Beweisen, daß zum Flug du nicht gereift,
Dein Kopf es ist, dein Stolz, dein Selbstbetrug,
Was dir noch lange hemmt den leichten Flug."

33

So sprach zur Puppe ich, die eine Hand,
Unsichtbar mir, zurück zum Hades trug,
Daß sie abstreife dort ihr Erdgewand,
Den Kopf voll eigensinnigem Verstand,
Voll Eigenliebe und voll Selbstbetrug,
Dann erst die Seele fliegt im leichten Flug
Aus Nacht empor zum lichten Heimatland.

Oft sieht die Geistin man im Mondenschein
Um Mitternacht an dem Waldbrunnen steh'n,
Dort lehnt sie sich ans moos'ge Kreuz von Stein,
Als fühlt' sie unterm Herzen tiefe Weh'n.

~◇~ 35 ~◇~

Bleich, blaß und stumm, wie nur der Mond kann sein,
Blickt erst sie in den Brunnen still hinein,
Dann wirft sie zitternd was in seinen Schacht
Und stürzt sich jählings nach in seine Nacht.
Dumpf aus der Tiefe dröhnt der schwere Fall,
Die Wasser rauschen auf am Brunnenstein,
Doch Totesstille wird es bald darauf,
In schwarze Wolken hüllt das Kreuz sich ein
Und die Waldblume hört zu duften auf.

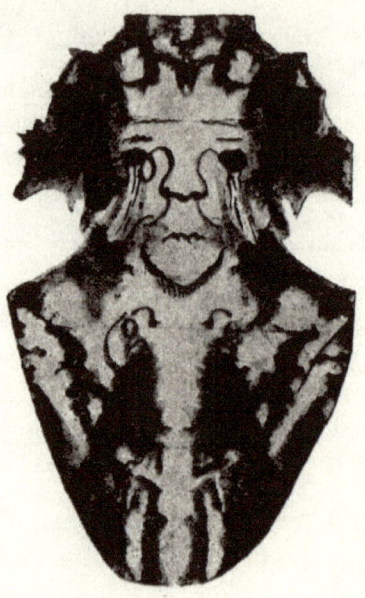

Dies Bild von einem Hunnenkönig
Kam aus der Tinte heut heraus,
Gebetet hat der Alte wenig,
Jedoch verübt manch argen Graus;
Wer ihm nicht ganz war unterthänig,
Dem stach er selbst die Augen aus.

37

Nun sitzt er in des Hades Schauer,
Bis seine Herrscherwut gestillt,
Aus seinen Augen ihm, o Schauer!
Ein ganzer Bach von Thränen quillt.
Im Mondenlicht, wann gehn Gespenster,
Sich malet oft von selbst ans Fenster
Der Schloßkapell' sein büßend Bild.

Die Geiſtin hier in ſchwarzer Tracht
Schwebt aus der Burg jedwede Nacht
Sobald tönt zwölf des Turmes Glocke;
Auf ihrem langen ſchwarzen Rocke

39

Sich bildet ein Gerippe dann,
Das Totengeripp von ihrem Mann;
Wie Phosphor leuchtet's durch die Nacht,
Sie hat durch Gift ihn umgebracht.
Schwebt sie durch meines Gartens Hecke,
Ich morgens stets mit Schau'r entdecke,
Daß rings von meinen Blumen allen
Die Blätter liegen abgefallen.

40

Auf einer Kanzel läßt sich nieder
Jedwede Nacht der schwarze Geist,
Leis betet er, dann lauter wieder,
Auch weint dabei er allermeist.
Wer der wohl ist, wer der wohl war?
Der Küster sagt zwar: Ein Vikar.
Man nannte ihn: Hegelsmagister,
Doch schon vor zehen Jahren ist er,
Man sagt, nach Indien gereist,
Dort hab' ein Haifisch ihn gespeist.

~§> 41 <§~

Warum er nun als Geist hier laufet,
Das wird ein jeder glauben gern,
Er glaubte nicht an unsern Herrn
Und hat die Kinder doch getaufet,
Die Tauf' verlacht beim Wirt zum Stern.
Im Hades nun kam ihm die Reue,
Daß er will pred'gen nun aufs neue,
Will pred'gen, daß sein Glaub' nun sei
Von seinem vor'gen Glauben frei;
Schwarz kam er aus dem Tintenfaß,
Schwarz, schwarz er wohl im Hades saß,
Doch weil er in der Kirch erscheint,
Dort pred'gen will und stille weint,
So hoff' und glaub' ich für ihn fest,
Daß Gottes Gnad' ihn nicht verläßt.

———

42

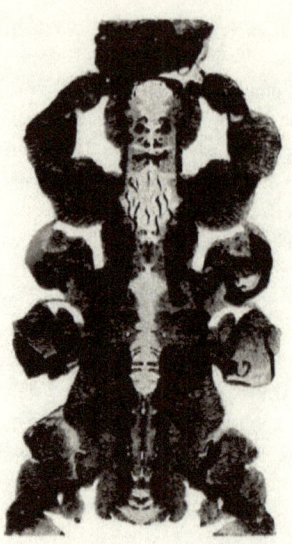

Als ich kleksographirt im Mondenschein,
Kam dies Gespenst herauf als wie von Stein,
Doch hat's geöffnet seinen Mund. Mit Klagen
Hat's reuig seine Schuld mir vorgetragen.
Gottes Erbarmen ende seine Pein!
Doch zu entschlagen mich weitläuf'gen Fragen,
Hab' seine P e i n, nicht seine Schuld allein,
In Wahrheit ich in Verse hier gebracht,
Die lest euch vor in stiller Mondennacht.

43

So oft der Mond im vollen Licht
Um Mitternacht durch Wolken bricht,
So ruft ein Greis im Irrenhaus
Durchs Fenstergitter hohl heraus:
„Im Rhein, im Rhein, im tiefen Rhein,
Da lag ein schwarzer, blut'ger Stein.
O wenn im Rhein der Stein noch wär,
Oder im tiefen schwarzen Meer!
Er drücket Kopf und Herz mir ein,
O Stein! Stein! wandle mich zu Stein!"
Fragt man: „Was ist's mit diesem Stein?"
Heißt er den Frager stille sein.
So rief er Jahre lang, nie müd,
Doch als er einst blieb unbewacht,
Er sich den bleichen Hals durchschnitt
In einer hellen Mondennacht.
Bei Bingen in dem tiefen Rhein
Hört man seitdem im Mondenschein
Dieselbe Stimme in der Luft.
In Tönen der Verzweiflung ruft
Die Stimme: „Stein! o wärst du noch
Tief, tief im schwarzen Bingerloch!
Verruchter Stein! mit dir, mit dir
Schlug ich einst tot den Kaufherrn hier!
Dich drauf an seinen Hals ich hing
Und warf ihn in des Strudels Ring,
Daß er im blut'gen Gischt verschwand.
Drauf wollt ich rennen ins fernste Land,
Da stob aus dem Strudel ein Wirbelwind,
Der hob mich über den Strudel geschwind,
Drehend mich ob ihm in Wirbeln, ach!
Schrecklicher noch! Aus der nassen Gruft

~*~ 44 ~*~

Wirbelt des Toten Gespenst mir nach,
Hielt in der blut'gen Hand den Stein,
Drückt, mit mir wirbelnd in der Luft,
Ihn mir ins zitternde Herz hinein.
Wie war mir der Stein im Leben so schwer,
Wie ist er's mir im Tode noch mehr,
Ihr alle, die ihr noch wachet am Rhein,
Bittet zu Gott um die Seele mein!"

———

Und wenn es so bei Bingen ruft,
Sieht man vom Rufer keine Spur,
Schifft nur der Mond still durch die Luft
Und kreist ein schwarzer Vogel nur
Um des Erschlag'nen nasse Gruft.

❧ 46 ❧

In eines Schlosses Frau'ngemach
Hing ein uralter Spiegel,
Jetzt hält man ihn dort unterm Dach
Fest unter Schloß und Riegel.

Was mit demselben Spiegel sich
Voreinst hat zugetragen,
Das will ich, ist's auch fürchterlich,
Euch im Vertrauen sagen:

Sobald schlug Mitternacht die Stund,
Aufsprang von jenem Zimmer
Die Thüre, und des Spiegels Rund
Ward hell wie Mondenschimmer.

Dann aus dem Spiegel sah heraus
Ein Bild, starr, bleich, entsetzlich,
Wer's sah, den packte Frost und Graus,
Daß er zurücksprang plötzlich.

Wer war das? Eine Frau war das,
Stolz, eitel ohne Frieden,
Bewundernd sich im Spiegelglas
Ist sie vor ihm verschieden.

Verscheidend sprach zur Kammerfrau
Sie noch: „Färb' meine Haare,
Damit ich nicht zur Schau so grau
Lieg' in der Totenbahre.

⁓ 47 ⁓

Auch mach' vor der Ausstellungsstund
Mir meinen Mund doch feiner,
Drück' sanft ihn mit dem Finger rund,
Dann wird er wohl auch kleiner."

Sie wollte sprechen weiter noch,
Ich glaub' von einem Mieder,
Ich glaub' von falschen Zähnen, — doch
Da sank sie tot darnieder.

Die Dienerin hat nicht gethan,
Was Eitelkeit begehrte,
Zum Spiegel jede Nacht sodann
Die Tote wiederkehrte.

Sie wollte färben die Frisur,
Wollt suchen Zähn' und Mieder,
Doch schrie der Hahn, — schwand ohne Spur
Sie aus dem Spiegel wieder.

Gar viel man von der Geistin sprach
In jenem alten Spiegel,
Drum ließ der Schloßvogt unters Dach
Ihn bringen unter Riegel.

Schnell hab ich diese Unnatur,
Zu mir herauf gekommen,
Einen Totenkopf auf der Frisur,
Kleksographisch aufgenommen.

—⁂ 48 ⁂—

Nutzanwendung.

Dies war aus alter Zeit ein Weib,
Doch jetzt noch gibt es Frauen,
Frauen, die emsig ihren Leib,
Doch faul den Geist bebauen.
Wie werdet, Eitle, ihr einmal
Nach dem Tod aus Spiegeln blicken!
In des aufgeblasenen Rocks Skandal,
Den Putzhut in dem Rücken.
Um euren Arm den Firlefanz
Von Spitzen, — Gott, welch Schauer!
Beginnet ihr den Totentanz
So um die Kirchhofmauer.
Die Männer, die in gleichem Wahn
Mit euch, ihr Eitlen, stecken,
Mittanzen als Gerippe dann
In ihren läpp'schen Fräcken,
Angströhren, daß sich Gott erbarm'!
Auf ihren Köpfen tragend,
Oder Klapphüte untrem Arm,
Komplimentenräder schlagend.
Stellt euch einmal die Engel vor
In Hüten lächerlich butzig,
Wie jetzt sie sind bei euch im Flor,
Im Nacken sitzend stutzig.
Seht sie in des Ballonsrocks Schmach,
Wie euch, o Schauer! wallen,
Gewiß, ihr würdet sagen: ach!
Wie tief sind die gefallen!

Ihr Frau'n, die ihr die Eitelkeit
Durch Demut überwunden,
Euer Kopfputz sei ein Tüchlein breit,
Um die blanke Stirn gebunden.
Umhüllen möge euren Leib
Ein weißes Kleid von Linnen,
Das könnt ihr selbst zum Zeitvertreib
Euch mit den Töchtern spinnen.
Die Seele bleibt, auf diese baut,
Ihr Frau'n, der Leib ist flüchtig,
Doch mancher, ach! ist ihre Haut
Mehr als die Seele wichtig.
Die Seele, noch so schön umhüllt,
Ist's eine wüste Seele,
Die blicket einst als Schreckensbild
Aus dem Spiegel ohne Fehle.
Ihr aber, deren Seele licht,
Demüt'ge, fromme Frauen!
Ihr werdet nach dem Tode nicht
Aus ird'schen Spiegeln schauen.
Ihr schwebet aus der Erde Nacht
Empor zur Himmelsklarheit,
Schaut, was ihr hier geglaubt, gedacht,
Im Spiegel ew'ger Wahrheit.

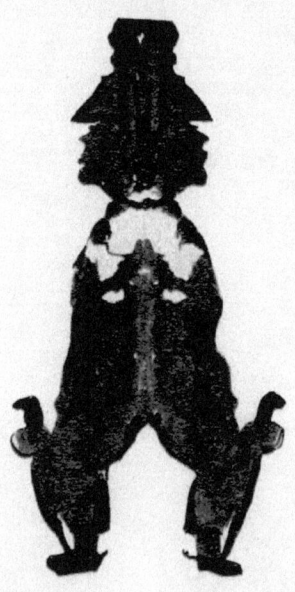

~⦿~ 50 ~⦿~

Einst waren zwei Kameraden,
Die schwuren einen Eid,
Daß jeder auf sich wollt' laden
Des andern Freud und Leid.
Es war ein Krieg in Sachsen,
Hin zogen sie voll Mut,
Sangen: „Juheh! verwachsen
Sind wir mit Leib und Blut!"

~☙~ 51 ~❧~

Raketen und Bomben fliegen,
Zerreißen des einen Bein,
Der andre ließ ihn liegen,
Floh über Stock und Stein.
Doch war's ihm immer bänger,
„Eid!" rief er, „böser Traum!"
Er konnt nicht leben länger,
Hing sich an einen Baum.
Das war, als an der Wunde,
Der starb im Lazaret,
Und seit derselben Stunde
Der andre doppelt geht.
Er geht als wie verwachsen
Mit des Kameraden Leib,
Auf dem Schlachtfeld nachts in Sachsen
Er so umher sich treibt!
Er stieg heut aus dem Fasse
Der Tinte reuig auf,
Ich hoff', daß Gott erlasse
Ihm bald den bangen Lauf.

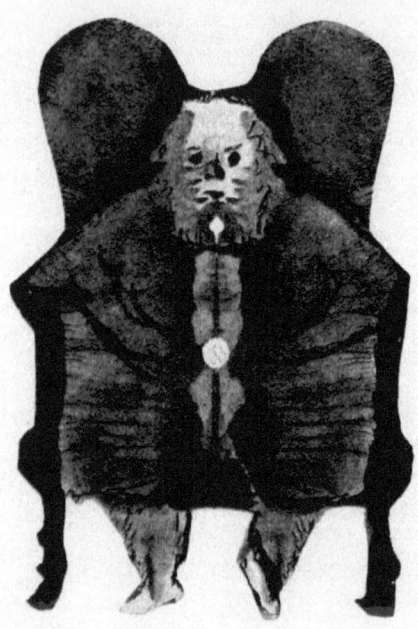

Seht ihr dort den alten Bau von Stein,
Totenstille ist's in ihm und leer,
Die Gemächer sind gerissen ein,
Und die Eulen flattern drinn umher.
Einer einst bewohnte dieses Haus,
Um ihn lebend schon des Hades Nacht,

53

Hier kein Freund ging freudig ein und aus,
Hier ward nie geweint und nie gelacht.
Hier schloß Liebe niemals einen Bund,
Hier war keine Mutter, war kein Kind,
Nur ein mürr'scher Diener und ein Hund
Waren hier des Herren Hausgesind.
Wer d e r war, will ich sagen euch:
Ha! ein Wuchrer, sein sich Gott erbarm!
In der Eisentruh an Golde reich,
In dem Herzen doch an Liebe arm.
Kam ein Bettler, klopfend an das Haus,
Goß sich oft auf ihn ein Tintenfaß,
Oder stürzte wild der Hund heraus,
Daß der Arme fortsloh leichenblaß.
Mancher trug noch seine letzte Kraft,
Hoffend Zinse, in dies finst're Haus,
Doch was froh nach oben ward gebracht,
Kam nach unten nimmerfroh heraus.
Fest im Lehnstuhl saß er wie im Bann,
Bleich, einäugig, zählend, wägend Gold,
Horchte man, selbst in der Nacht hat's dann
Oft getönt wie wenn man Thaler rollt.
Als er so einst oben saß allein,
Rechnend noch in mitternächt'ger Stund,
Trat zur Thüre ein Gerippe ein,
Legt die Hand ihm kalt auf Herz und Mund.
Schreien wollt' er, konnt' es nimmermehr,
's war der Tod — doch schreiben noch mit Not:
„Hab' versteckt was in" — schrieb zitternd er
Und sank drauf in seinen Lehnstuhl tot.
Offen blickt sein Auge, hat geblickt
Als wenn's hier noch wollte suchen was,
Niemand hat es liebend zugedrückt,
Und so morgens noch im Stuhl er saß.

71

54

Niemand gab zum Grab ihm das Geleit,
Nur der mürr'sche Diener und der Hund;
Wer es sah, dem kam kein Herzeleid,
Kalt sie senkten ihn in Grabesgrund.
All sein Gut nahm das Gericht zur Hand,
Ließ auch suchen, ob was sei versteckt,
Denn von einem großen Diamant
Sprach man laut, doch wurde nichts entdeckt.
Niemand wollt' bewohnen dieses Haus,
Drum zu einer Scheuer ward's gemacht,
Und der Lehnstuhl wurde als ein Graus,
Wo er noch steht, unters Dach gebracht.
Oft bei Tag ein Kater auf ihm sitzt,
Schwarz, einäugig und unheimlich ganz,
Hell aus seinem einzlen Aug' es blitzt,
Als wär's aus dem Stuhl ein Demantglanz.
Doch wenn nachts ums Haus die Eule kreist,
Hört man Silberklänge wohl bekannt,
In dem Lehnstuhl sitzt des Wuch'rers Geist
Mit dem Diamant in ihn gebannt.

―――――――

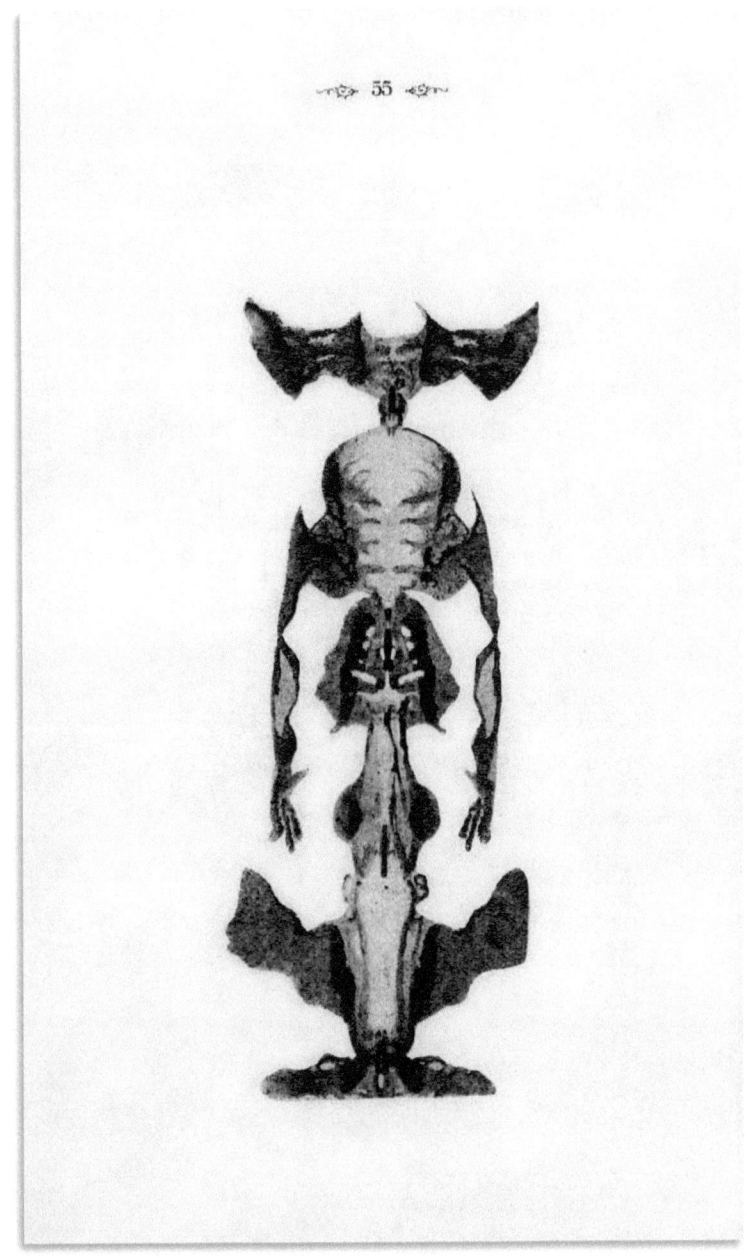

~ 56 ~

Auch mein Bild kam aus dem schwarzen Tintenfaß.
Als ich es sah, da wurde ich leichenblaß.
Aus dem Kopfe kommen schwarze Dünste,
Der Arznei — und Dichtkunst schlechte Künste,
Meines ganzen eitlen Lebens Dunst,
Scham, daß ich unwert so vieler Gunst.
Schaut den alten Leib, der ein Gerippe,
Während ich am Lebensbaum noch nippe,
An den Füßen schaut die Erdenschwere,
O! wenn die noch abzustreifen wäre!
Ich vermag es nicht, und ihre Macht
Zieht mich nieder in des Hades Nacht.

57

Kleksographien.   8

—ᴢ⊳ 58 ⊲ᴢ—

Menschenhand hat nicht dies Bild gemacht,
Gleich den andern kam's durch eig'ne Macht
Ungeahnet aus der Tinte Nacht.
Es erblickend hab' ich still gedacht:
Als der Herr sein Werk hier hat vollbracht,
Fuhr er nieder in der Schatten Reich,
Hat auch diesen noch sein Wort gebracht.
Ihr unsel'ge Geister, geht in euch!
In der Nacht hier stellt das vor'ge Leben
Licht nun auf den schwarzen, leeren Grund,
Dann fühlt Reue: denn o welchen Fund
Werdet schauen ihr voll Schmerz und Schauer,
Um Erlösung flehn in tiefer Trauer.
Der am Kreuz dem Schächer einst vergeben,
Als er gläubig sich zu ihm gewandt,
Der wird dann mit liebevoller Hand
Aus der Nacht auch euch zum Lichte heben.

Höllenbilder.

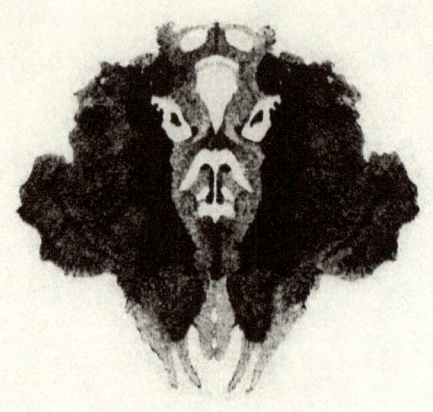

Geister aus noch tief'rer Nacht
Hat das Tintenfaß gebracht,
Als den Satz ich umgerührt.
Niemals hätt' ich den berührt,
Hätt' ich eher schon erfahren,
Wie so groß sind die Gefahren,
Wenn man mit dem Tintensatze,
Vorab nachts, kleksographirt;
Dann erscheint oft eine Katze,
Schneidend eine Teufelsfratze,
Satan ist's, der uns vexirt.
Oft den Kleksographen prellen
Schwarze Geister durchs Verstellen,
Wechseln oftmals die Gestalten,

~&> 61 <g~

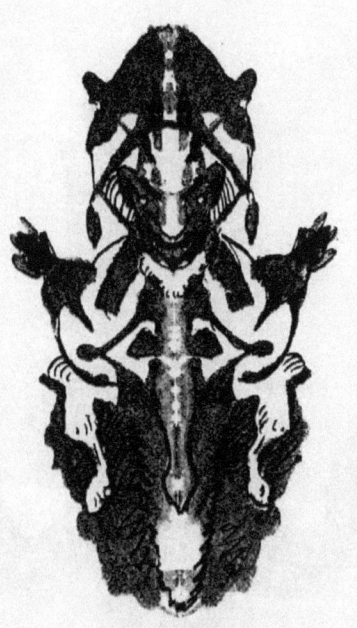

Sie für andere zu halten,
Wie im Leben einst, dem hellen,
So in schwarzen Höllenspalten
Sind und bleiben sie die alten,
Nicht zu bessernden Gesellen.

~ 62 ~

Hier stieg herauf der Falschheit Bild,
Du, die dem Höllenpfuhl entsprossen,
Wär' noch mein Tintenfaß gefüllt,
Ich hätt' mit Tint' dich übergossen.

63

Du gift'ge, verhüllte Fratze,
Auf deinem Kopf sitzt eine Katze,
In deiner Brust der Katze Kater.
Fort! fort! zurück zum Feuerkrater
Der Hölle, wo du heimatlich,
Nur halb klekfographir' ich dich.

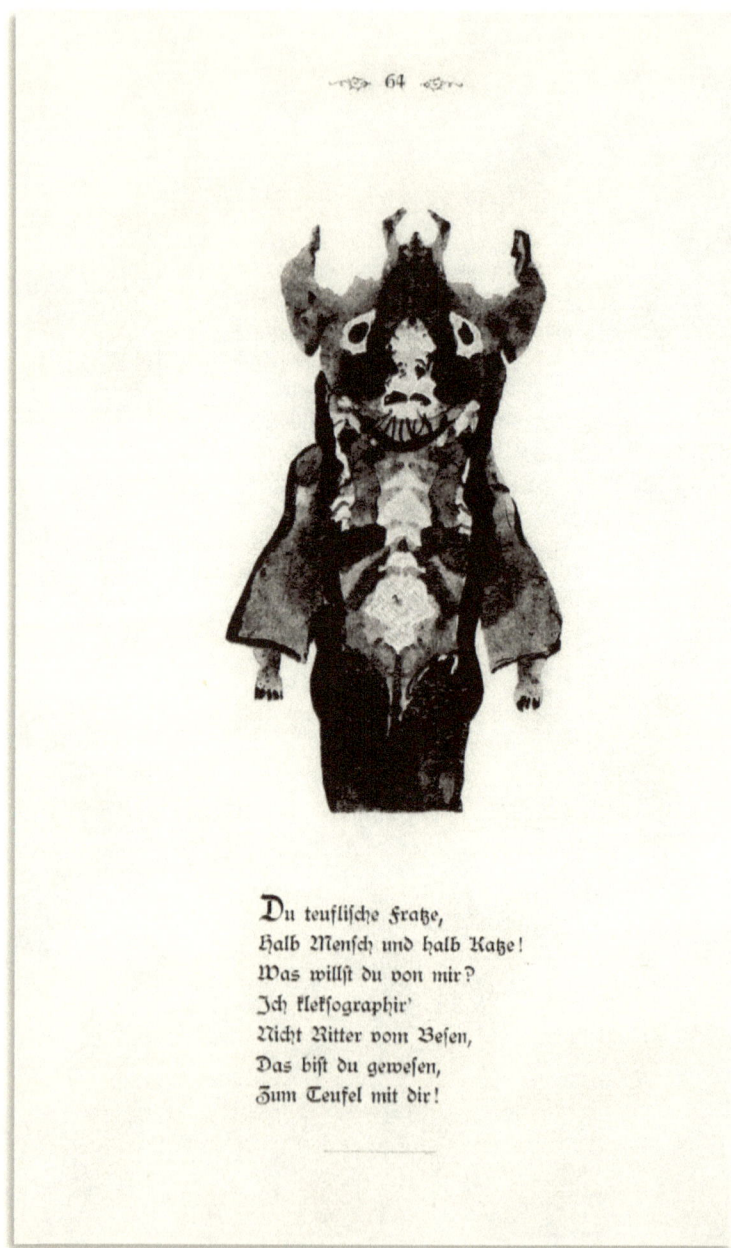

~ 65 ~

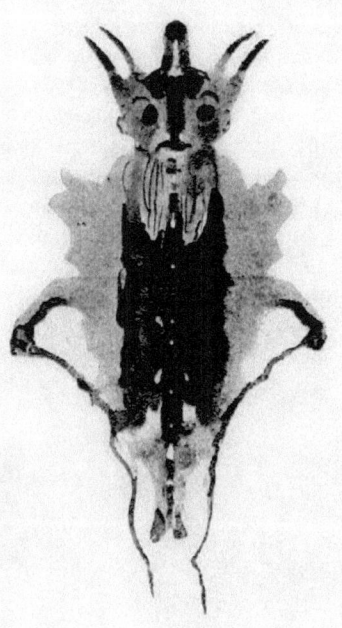

ᵂas dieser Kobold einstens war,
Das ist nur mir geworden klar.
Der eine sagt: „Ein Aktuar,
Bekannter Schlemmer und Bocksreiter.“
Der ander, der sich denkt gescheiter,

Kleksographien.   9

66

Spricht: „O der war ein Pfarrer gar,
Man sieht das ja aufs allerbeste
An seiner rabenschwarzen Weste."
Der dritte sprach: „Ein Apotheker
War er, der mit ganz schlechter War
Vergiftet die Arzneienschlecker."
Ich sprach und alle wurden heiter:
„Der Bocksbart zeiget mir fürwahr,
So wie das Maß für Tuch und Kleider,
Das völlig falsch und diebisch war,
Daß dieser Kobold gar nichts weiter
Gewesen als ein dieb'scher Schneider."

Dies ganz teuflische Gesicht,
(Glaubt es, oder glaubt es nicht,)
Eine Amme ist's gewesen,
Wohlgeübet auf dem Besen,
Manches Kind verhexte sie,
Daß es zappelte und schrie,

~❧ 68 ❧~

Bis man schob dem armen Tropf
Eine Bibel untern Kopf.
Oft zu Teufelstanz und Spiel
fuhr sie auf dem Besenstiel,
Doch zum nahen Galgen nur.
Jetzt ganz teuflische Natur,
In der Hölle schwarzem Pfuhl
Wirbelt sie in feur'gen Wirbeln
Um des Höllenmeisters Stuhl.

Hier das Kind kam, das die Hexe
Hat gesäugt und dann verhext,
Einzig nur drei Tintenklekse
Haben dieses Kind geklekst.
Doch man sieht schon ohne Luppe,
Daß bereits aus seiner Puppe
Wachsen lichte Doppelschwingen,
Die's zum Kinderhimmel bringen.

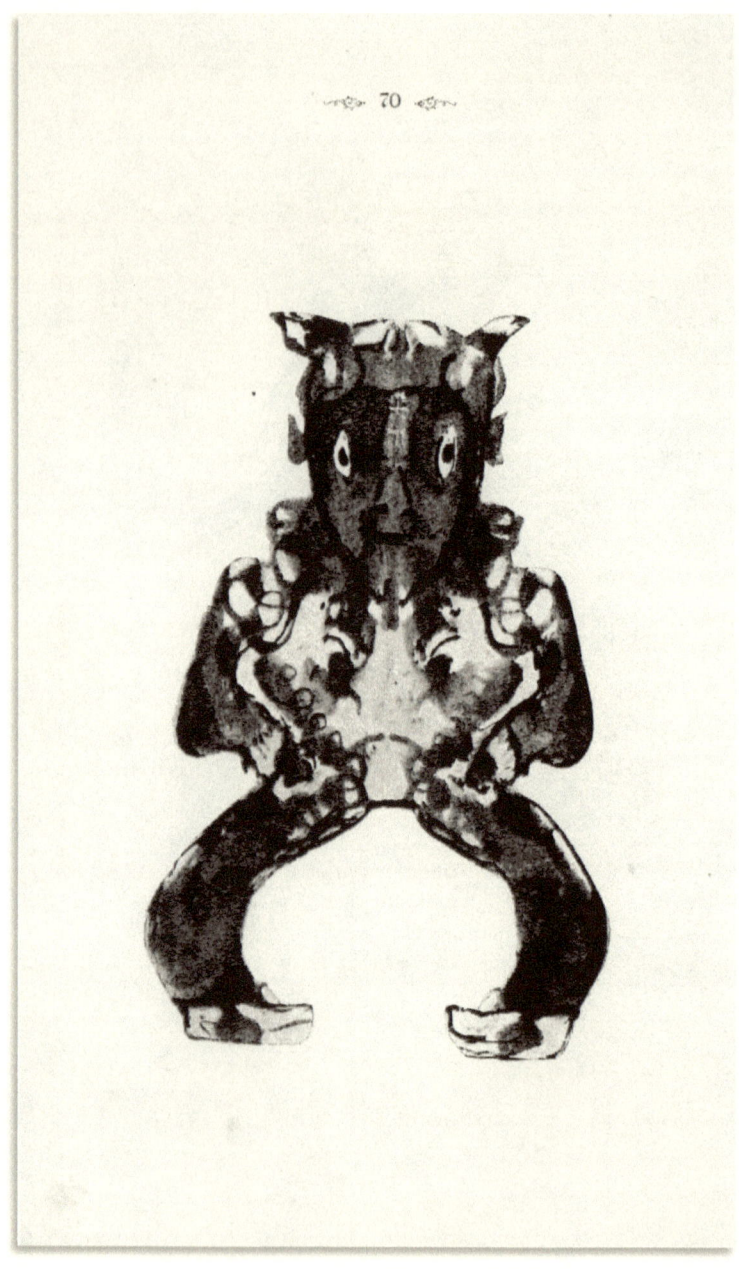

— 71 —

Daß ich ein Paar auch aus dem Hexenkluppe,
Die Amm und die von ihr verhexte Puppe,
Kleksographirte ohne Rücksicht dreist,
Das hat empöret eine ganze Gruppe
Beisitzer aus dem alten Höllenpfuhl,
Aufklärlinge, Ungläubige, allermeist
Zöglinge aus Mephistos Musterschule,
Daß sie aus ihrem Schoß d e n schwarzen Geist
Emporschickt, um vom Kleksographenstuhle
Zu stoßen mich, zu brechen mir den Hals.
Ich sah ihn lächelnd an, sprach gar nichts als:
„Gelobt sei Jesus Christ!" — da fuhr er plötzlich
Hinab mit einem Wehschrei, der entsetzlich.

73

Als ich mit Druckerschwärze heut klekfographirt,
Wozu mich nur der Teufel hat verführt,
Kam dieses Skandalum heraufspaziert.
Nicht weiß ich, wer der ist, noch wer der war,
Fauftus vielleicht, des Drucks Erfinder gar,
Der nie war (wie bekannt) ein gläub'ger Chrift
Und als Schwarzkünftler in der Hölle ist.
Mög' solches wahr sein, oder sein nicht wahr,
Kommt das bei mir heut nicht so in Betracht,
Als daß dies Bild so schmälich sich gemacht,
Dieweil es ganz aus jener Schwärze kam,
Die manchen schon verfetzt in schwarzen Gram.
Druckfehler druckt die, wer sie liest, laut lacht,
Indes der Autor stirbt voll Zorn und Scham,
Der armen Frau zuruft in stiller Nacht:
„Du, Frau, und ihr, ihr lieben Kinder, wacht!
Wie eine Druckerpresse hat's gekracht,"
Worauf in einem schwarzen Pfuhl ich schwamm.
Und wie viel Kreuz die Schwärze noch gebracht,
Das wird von mir gesagt nicht, — nur gedacht.
Nur eines steh noch da
Exempli gratia:
Oft spricht zum Autor der Buchhändler klagend:
„O wenn doch nichts gedruckt von Ihnen wär'!
Ihr ind'sches Lexikon, auf meine Ehr',
Liegt zehen Jahre, völlig nichts ertragend,
Und Ihre Streitschrift! — doch, ich bitte sehr!
Mit andern Büchern geht es auch sehr schwer,
Es häufen sich die Krebse immer mehr."

Kleksographien.   10

91

—⁓ 74 ⁓—

So spricht er, — und wär' all dies auch nur Finte.
Ja, Druckerschwärze! deiner ganz entsagend,
Nehm' zum Kleksographiren ich nur Tinte,
Mich nimmermehr mit deiner Schmiere plagend.
Kaum daß ich dieses schreib', fuhr's mit Gekrach
Durch das Kamin herauf bis unters Dach,
Und Steine stürzten donnernd vom Kamin,
Ich wußte nicht, wo ich nur sollte hin.
„Weh!" rief ich, „daß ich unter Teufeln bin!"
Das war im ersten Schrecken nur, doch plötzlich
Sprang ich gefaßt ans off'ne Ofenloch,
Draus quoll ein Dampf durchs ganze Haus, der roch
Nach Kreosot und Druckerschwärz entsetzlich;
Ich sah durch ihn hinauf, da sah ich noch,
Wie die kleksographirte Unnatur,
Aller Druckfehler schreckliche Figur,
Hohnlachend meiner, hu! der Hexenschlingel
Zum Ritt sich schwingend auf den Pressebengel,
Wie ein Weltkönig stolz von dannen fuhr.

76

Als ich vor dem Tintenfaß
Wieder mit der Feder saß,
Und mit solcher tief gestochen
In die Tinte bis zum Satz,
Kam etwas herauf gekrochen,
Wie der Schwanz von einer Katz.
Mir doch ward es immer bänger,
Denn das Ding wurd immer länger,
Gar zu lang für eine Maus,
Und der Teufel kroch heraus.
Erst macht er drei Reverenzen,
Schlingend mit dem Schwanze Ringe,
Und erzählt mir Wunderdinge
Von sich, um vor mir zu glänzen,
Daß er einst gewesen sei
In Neapels Hofkanzlei.
„Jetzt bin ich (Sie werden's merken),
Spricht er, nun an andrer Stelle,
(Jedem wird nach seinen Werken),
Ein klein wenig in der Hölle.
Einstens war ich groß und reich,
Jetzt, ums kurz zu sagen gleich,
Bin ich zwar ein armer Schlucker,
Doch ein emsiger Geselle
Und der Druckerschwärze Reiber
Von des Satans Hofbuchdrucker,
Wollte Ihnen sagen schnell:
Daß für schwarze Höllenleiber
Ihre Tinte ist zu hell,

77

Werde, um sie schwarz zu frischen,
Sie mit Druckerschwärze mischen." —
„Fort!" rief ich, vor Zorn ganz blaß,
„Meinst du nicht, ich merk' nicht, daß
Du der vor'ge Teufel nur
Mit veränderter Figur,
Der hinaus zum Schornstein fuhr.
Ließ ich mich vom Zorn hinreißen,
Würd ich dir das Tintenfaß
Luth'risch an den Bockskopf schmeißen.
Doch genug für dich ist — das!"
Drauf hab ich ein Kreuz geschlagen,
Was die Teufel nicht ertragen,
Da ward schnell er dünner noch,
Dünner als der Spinne Waden,
Und als schwarzer, här'ger Faden
Fuhr er durch das Schlüsselloch.

~⟫ 78 ⟪~

Als ich ob'ges schrieb: „Brum! brum!"
Tönt' es um mein Ohr herum.
Teuflische Nachtschmetterlinge,
Schwarz, umflogen mich im Ringe;
Aber in mein rechtes Ohr
Klang's wie aus der Engel Chor:
„Ha! wie ist's hier unten trübe!
Doch nicht ewig währt die Nacht!
Eine Liebe, eine Liebe
Selbst noch ob der Hölle wacht.
Strahlen schickt in alle Ringe
Seines Alls Gott noch so weit,
Seine Wahrheit, seine Klarheit,
Liebe und Barmherzigkeit,
Und durch sie
Bringt zu einer Harmonie
Er zurück einst alle Dinge."

MACCHIE D'INCHIOSTRO, KERNER, DEARBORN, RORSCHACH, E LE PSICOTECNICHE PROIETTIVE

Felice Perussia

Università degli Studi di Torino

Felice Perussia con
l'esemplare originale,
della prima edizione della
Kleksographien
di Justinus Kerner,
che è conservato nella collezione
privata di Psicotecnica

Originali imitatori

La psicologia del XX secolo è piena di autori che si propongono come molto originali. I quali hanno alle spalle degli altri autori, i quali hanno sviluppato concetti e testi quasi identici ai loro (a quelli dei loro successivi imitatori). In altre parole, come mi è già capitato di evidenziare ampiamente anche in vari scritti precedenti:[1] una parte di quella che è stata definita come Nuova Psicologia del Novecento consiste più che altro di una riedizione o di una rimasticazione, talvolta relativamente modesta, di contributi che sono stati pubblicati, da altri e più originali autori, nell'Ottocento, nel Settecento o anche molto prima.

Non ci sarebbe niente di male in tale fenomeno, se queste forme di diffusione, in cui un autore moderno promuove il lavoro svolto da altri brillanti ricercatori che hanno fornito i loro contributi nei secoli a lui precedenti, fossero esposte e presentate in quanto tali. Se tali divulgazioni venissero definite cioè come delle forme di promozione per quei contributi, invece che cercare di presentarle come se si trattasse di idee originali o addirittura di scoperte rivoluzionarie.

Se la situazione fosse messa a fuoco da tutti in modo corretto, la conoscenza scientifica e la professione psicologica ne trarrebbero certamente vantaggio. Noi studiosi e operatori contemporanei avremmo piena coscienza del fatto che non pochi personaggi della psicologia novecentesca sono sostanzialmente degli intelligenti redattori di testi didascalici, che fanno conoscere a un pubblico più vasto le idee e i risultati degli autori classici precedenti, i quali hanno fondato la disciplina, da cui i divulgatori stessi hanno ricavato la gran parte dei concetti che mettono nei loro libri.

Noi tutti, studiosi e studenti e professionisti, valuteremmo con stima il contributo fornito da tali promotori attuali della scienza classica, in modo simile a come valutiamo e stimiamo gli indispensabili redattori dei manuali di testo per le scuole superiori. Mentre an-

---

[1] Non è il caso di farvi riferimento qui, poiché il tema che trattiamo è differente, ma mi permetto di ricordare in nota, a questo proposito ma solo come esempi documentari, in particolare i miei: *Psicologo* (1994), *Storia del soggetto* (2000), *Theatrum psychotechnicum* (2002) tutti editi a Torino da Bollati Boringhieri.

dremmo anche noi a studiare con attenzione proprio quegli autori originali, nei loro testi originali, da cui i moderni promotori della disciplina hanno ricavato le proprie visioni della psicologia. Tutto ciò sarebbe di grande aiuto per la corretta definizione del nostro lavoro, mentre offrirebbe migliori opportunità di conoscere la scienza partendo dagli originali, invece che partendo dalle imitazioni.

Può invece accadere che taluni autori originari della psicologia, i quali hanno davvero costruito la sostanza della nostra disciplina così come la concepiamo e come la utilizziamo oggi, possano essere erroneamente percepiti, da una parte del pubblico, come figure marginali. In queste circostanze: tali autori fondamentali vengono al massimo evocati come dei confusi e poco interessanti profeti, dal pensiero visionario quanto oscuro, rispetto alla lucida chiarezza moderna di quanti in realtà si limitano a divulgarli, in forma semplificata, e che per questo vengono indicati come le fonti autentiche di tale originale fondazione.

In certi casi, più che una forma di sintesi degli autori precedenti, capita che si proponga un vero e proprio plagio. Per cui il divulgatore moderno, che si limita a ripetere con qualche variazione le parole dell'autore classico (da cui il divulgatore moderno ha catturato una quantità di contenuti, magari senza nemmeno citarlo), viene percepito come l'autore di quello che il suo grande predecessore ha in effetti ideato. Mentre certo la scienza non è aiutata dall'affermarsi di una visione secondo cui: se tu prendi di peso qualche cosa da qualcuno, quel qualcuno va considerato solo come un occasionale precursore del tuo lavoro originale (che hai pigliato direttamente da lui).

A seguito di tale specie di giuoco dei bussolotti intellettuali, che è molto più frequente di quanto alcuni fiduciosi psicologi contemporanei tendano a credere, accade insomma che, in un certo numero di casi, l'imitatore viene definito come lo scopritore di ciò che in realtà ha copiato dal suo presunto predecessore. Mentre non sono pochi gli psicologi, i ricercatori e gli studenti che si trovano loro malgrado coinvolti in questo gioco di specchi.

Una circostanza che tipicamente favorisce questo fenomeno è in primo luogo la semplice ignoranza. Molti non immaginano nemmeno l'esistenza di quegli autori classici da cui il presunto maestro moderno ha preso almeno una parte dei propri contributi. Altri mancano della curiosità di andare a vedere le fonti originali. Altri ancora sono troppo immersi nel lavoro di ricerca, nello studio o nella professione, per cui non trovano il tempo per approfondire, e prendono per buono quello che viene presentato loro, in molti testi della psicologia popolare (ma qualche volta anche nelle dispense universitarie), confidando nell'auspicabile serietà e competenza degli esperti che, più o meno autorevolmente, glie lo propongono.

Il tutto dipende anche dal fatto già ricordato che, non di rado, lo stesso auto-dichiarato maestro moderno mette una certa prudenza nel citare quegli autori da cui ha preso le proprie idee principali. A volte questa omissione accade, a sua volta, per via della semplice e genuina ignoranza del neo-maestro stesso.

Tipicamente: il divulgatore moderno ha letto da qualche parte, o anche solo ha sentito raccontare da altri, una certa versione di quell'idea, senza magari ricordarsi nemmeno bene dove l'ha trovata; o semplicemente ne ha incontrato, a sua volta, solo un riassunto di carattere divulgativo. Per cui la prende a sua volta per buona, ripetendola come se questa facesse parte della coscienza comune e non fosse il prodotto dell'originalità intellettuale di qualcuno. E può capitare persino che il divulgatore si auto-convinca di averla effettivamente inventata da se stesso, non ricordando di averla ripresa da qualcuno in particolare.

A volte accade invece che il neo-maestro agisca in perfetta malafede. In questo caso, l'operatore moderno, pur mancando di originalità, cerca comunque di distinguersi in qualche modo dalla concorrenza professionale, per guadagnare visibilità pubblica come scienziato e quindi come autorità intellettuale, innovativa e competente. In questi casi, l'obiettivo è spesso quello di cercare, grazie a tale immagine di originalità (a partire dalle idee brillanti di autori lontani e che la gente conosce poco) di conquistare dei clienti, soprattutto per la pratica privata.

Rimando ad altre circostanze una ulteriore descrizione ed analisi di questo fenomeno, che però, anche se non tutti e non sempre ce ne accorgiamo, è veramente assai caratteristico della psicologia del Novecento. Qui voglio solo evidenziare che qualche cosa del genere è accaduta anche nel caso delle psicotecniche proiettive, e in particolare nel caso dello stile grafico-artistico che viene solitamente definito *Macchie d'Inchiostro*, così come per quanto riguarda il suo utilizzo in qualità di strumento per studiare la personalità individuale.

Un gran numero di persone in tutto il mondo, soprattutto tra gli psicologi e i dilettanti di psicologia, conosce l'esistenza di tali Macchie d'Inchiostro sotto la denominazione esclusiva di *Macchie di Rorschach*. L'impiego delle Tavole a Macchie d'Inchiostro per realizzare un test di personalità è nota, almeno agli occhi di alcuni, solo sotto la denominazione esclusiva di *Test di Rorschach*.

La realtà scientifica è però che, come appare del tutto evidente dagli elementi ricordati nel presente testo:

1. Le Macchie d'Inchiostro non sono affatto un'idea di Rorschach; mentre la versione di tali Macchie, che Rorschach usa nell'ambito della sua *Psychodiagnostik,* è solo una ennesima variante (nemmeno molto originale) di materiali che circolavano ampiamente, da almeno mezzo secolo, tra gli studiosi di psichiatria e di psicologia di tutta Europa e degli Stati Uniti;
2. Nemmeno l'utilizzo delle Macchie d'Inchiostro sotto forma di tavole, che vengono somministrate a un soggetto calcolando le sue reazioni e siglando le sue risposte secondo un'apposita griglia per l'analisi del contenuto, è un'idea di Rorschach; ma la sua è solo l'ennesima versione di una pratica di ricerca, e di valutazione, nell'ambito della psicologica della personalità, che era radicata già da almeno un quarto di secolo in alcuni tra i più importanti laboratori universitari di psicologia del mondo.

KleksoGraphien

Pubblico qui, in facsimile anastatico (cioè: come una specie di fotografia che è identica all'originale), l'edizione integrale del volume *Kleksographien* del ben noto psichiatra, poeta e intellettuale tedesco Justinus Kerner.

Il libro è stato realizzato nel 1857, secondo la testimonianza di Kerner stesso, il quale ne firma la prefazione datandola al febbraio di quell'anno (come si vede a pagina VII del suo volume). La presente riedizione è ricavata direttamente dall'esemplare della prima edizione originale, che (io che scrivo) possiedo nella collezione privata di Psicotecnica.

Il titolo *Kleksographien* è un neologismo introdotto da Kerner, il quale però nella prefazione dice che gli è stato suggerito da un amico. Tale neologismo si compone attraverso la somma di due elementi: da una parte, l'espressione greca antica GRAPHEIN (atto di *scrivere, disegnare, lasciare segni*); dall'altra parte, il termine KLEKS, che rappresenta il modo popolare e più diffuso per definire le macchie d'inchiostro in tedesco. Il termine è presente anche in altre lingue mitteleuropee, come l'Ungherese e il Polacco.

Kleks è anche un diffuso gioco infantile, simile a quello delle sciarade, in cui si realizza un disegno che è una specie di acquarello, facendo cadere dell'inchiostro su un foglio, che viene ripiegato una o più volte, in una specie di ikebana in bianco e nero e qualche volta colorato. Spesso, gli altri partecipanti al Kleks fanno a gara nel riconoscere il contenuto delle macchie. Talvolta si tratta di realizzare al meglio un tema, che è stato stabilito in precedenza. Talvolta ci si sforza di trovare dei significati nelle macchie, che sono state prodotte casualmente, più o meno come accade quando si guardano le nuvole in cielo, mentre si sta distesi a pancia in su nel prato.

Il gioco delle Kleks è talmente diffuso che McEnery Stuart e Paine (1896) pubblicano, sul finire dell'Ottocento, un manuale antologico, riccamente illustrato, per questo gioco di "Immagini Ombre", che chiamano *Gobolinks*.

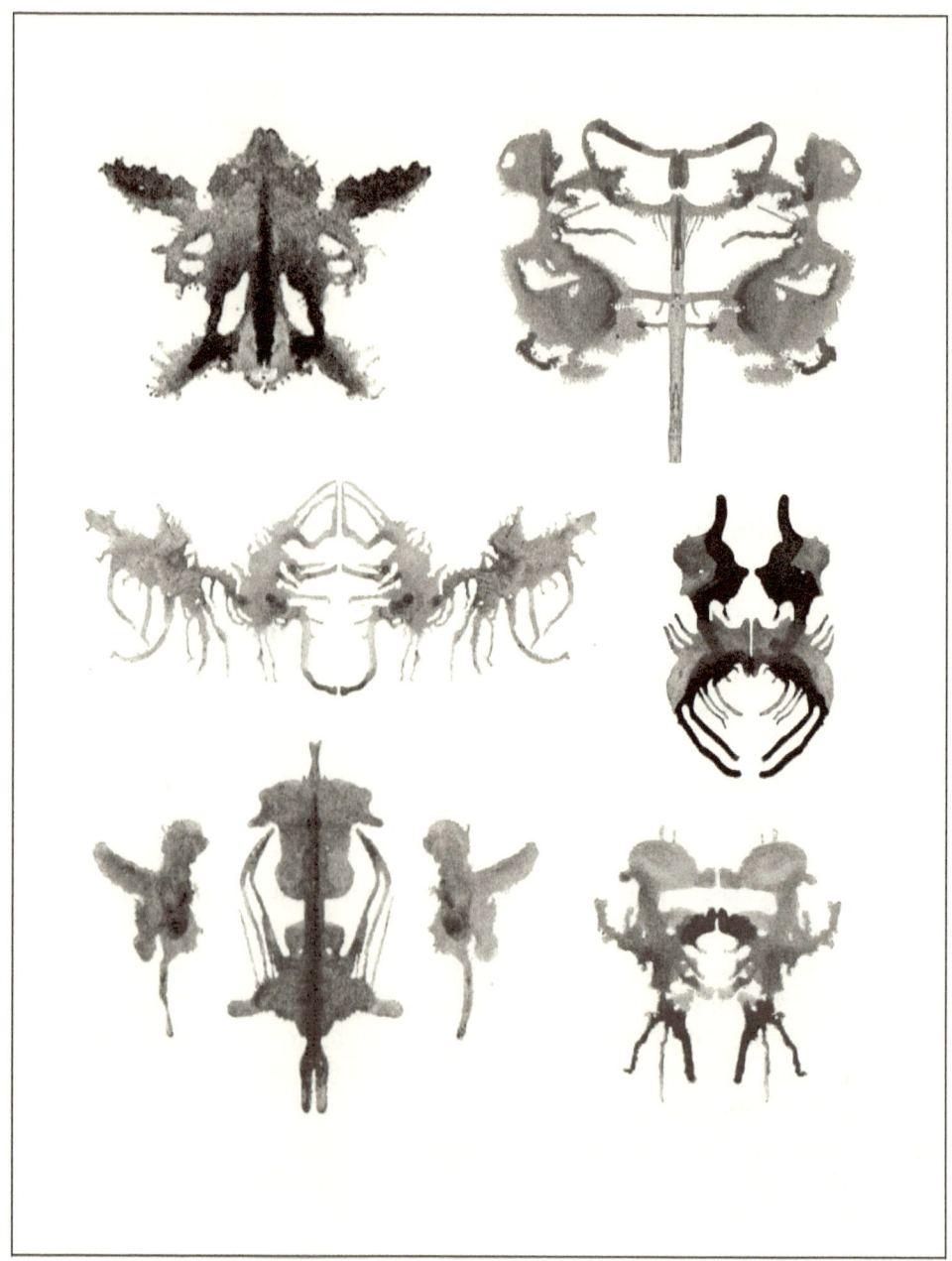

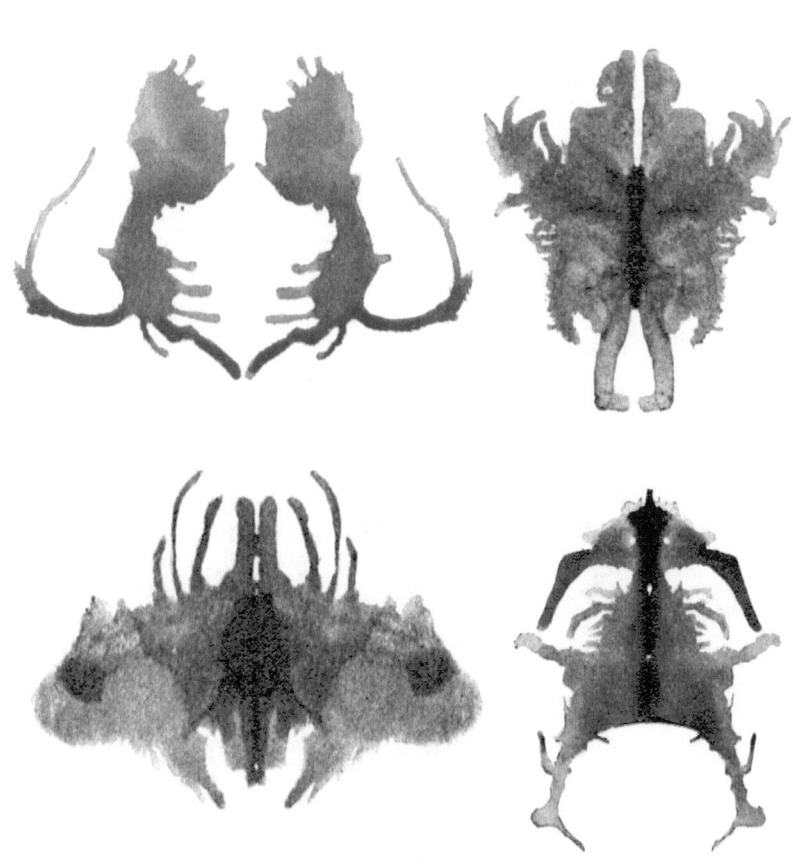

QUI E NELLA PAGINA DI FRONTE: Dieci Tavole originali a Macchie d'Inchiostro, riprese direttamente tra le 89 Tavole pubblicate nel manuale di McEnery Stuart e Paine (1896).

(Immagini tratte dalla copia originale della prima edizione del volume, che è presente nella collezione privata di chi scrive)

Se si scorrono le Tavole pubblicate da Rorschach nel 1921 e poi si sfoglia questo bel manuale del 1896, composto di Tavole a Macchie d'Inchiostro, tutte molto semplici e simmetriche, che sono realizzate praticamente nelle medesime dimensioni (circa 23x17 cm quelle di McEnery Stuart e Paine; circa 24x17 cm quelle di Rorschach), si ricava veramente la medesima sensazione per entrambe. O meglio: le presunte Macchie originali di Rorschach affondano in una profonda nebbia di déjà vu.

La disposizione ad esprimere i moti dell'animo utilizzando l'arte delle kleks (probabilmente, ma non necessariamente, ispirandosi al lavoro di Kerner) ha peraltro avuto alcuni importanti seguaci. Il più autorevole personaggio che, nella seconda metà dell'Ottocento, ha preso a comporre analoghi acquarelli, versando l'inchiostro e ripiegando il foglio, è probabilmente Victor Hugo [1802-1885] come si può vedere sulle pareti del Museo Maison de Victor Hugo in Place Vendôme a Parigi.[2]

Del resto, come lo stesso Kerner ricorda nella prefazione della Kleksographien, alla data del 1857 erano quasi dieci anni che gli capitava di mostrare agli amici tali Macchie d'Inchiostro, che dichiara essere ispirate alla diffusa abitudine dei suoi tempi a giocare questo gioco. Tanto che negli anni precedenti erano state organizzate, a Dresda ed a Stoccarda, delle vendite di questi suoi quadri, come beneficienza a favore dei poveri. Mentre, sempre a Stoccarda, un appassionato d'arte ne aveva riprodotte alcune sotto forma di stampe.

Le immagini che compaiono nella Kleksographien sono state tutte prodotte personalmente, di propria mano, da Justinus Kerner, con la tecnica del *dripping* (gocciolamento alla Pollock, ante litteram) dell'inchiostro su un foglio che poi viene ripiegato, una o più volte. Kerner, che afferma di non saper disegnare affatto, tiene a sottolineare di avere concepito le sue immagini con una certa intenzione, ma lasciando che intervenisse anche la mano del destino. Dichiara, sem-

---

[2] Alcune clecsografie di Hugo sono conservate anche presso la Bibliothèque Nationale de France, sempre a Parigi.

pre nella prefazione, che la sua tecnica è intervenuta "senza l'ausilio di matita e pennello", salvo in qualche punto particolare, dove ha impiegato "pochi tratti di penna" per rifinire leggermente la figura prodottasi casualmente.

In effetti: alcune Tavole paiono essere state ritoccate, almeno in piccola parte, con una penna, come sembra essere ad esempio il caso delle Tavole che sono presenti alle pagine 21, 26, 30, 34, 36, 38, 45, 52, 57, 69, 72 dell'edizione originale. Altre immagini sono state con ogni probabilità prodotte, in modo esclusivo o quasi, solo versando l'inchiostro e poi ripiegandolo su se stesso, così da ottenere delle immagini più o meno simmetriche, come sembra essere ad esempio il caso delle Tavole che sono presenti alle pagine III, 3, 12, 19, 24, 40, 55, 60, 61, 64, 67.

Kerner sottolinea anche, molto chiaramente, che sono state fatte *in un primo tempo le Kleksographien* e solo *in un secondo tempo le descrizioni* che le accompagnano. Nel senso che, secondo la scelta espressiva del loro autore, "il testo è fatto per loro". La Kleksographien è dunque il resoconto in forma poetica di quello che Kerner vede, quando guarda le Macchie d'Inchiostro che si sono prodotte pressoché casualmente sulla Tavola. In altre parole, per tradurla in una forma più vicina alla nostra sensibilità moderna: la Kleksographien è dichiaratamente il protocollo di un test proiettivo.

Con la presente edizione, ho ritenuto di fornire a studiosi e studenti una migliore opportunità di vedere direttamente l'importante lavoro originale di Justinus Kerner. Penso che ne valga la pena in primo luogo per la qualità intrinseca dell'opera, almeno da un punto di vista estetico ed espressivo.

La possibilità di consultare direttamente, dal vivo, questo bel volume è però utile soprattutto per chi si occupa di psicologia. Vedere realmente questo contributo tanto determinante, che lo psichiatra Kerner ha saputo fornire all'espressione della mente profonda, può aiutarci infatti a capire meglio in che cosa propriamente consiste il metodo delle Macchie d'Inchiostro (quello originale), che rappresenta uno tra i modi di lavoro che oggi noi tendiamo a catalogare fra i più tipici della psicologia. E non sarebbe male se, almeno negli ambienti intellettualmente e scientificamente più sofisticati o più consapevoli, si prendesse a chiamare correttamente questo genere di tavole con il loro nome, e cioè: *Macchie di Kerner*.

Psychological Ink Blots

Ho appena completato uno studio approfondito della storia, degli sviluppi e dell'attualità di quel particolare modo di lavoro psicologico che viene definito come metodo delle psicotecniche proiettive. In quel testo, che fa anche da inquadramento scientifico per le *PsyLogy Tables* (Perussia e Guarna, 2012) e cui rimando per ogni approfondimento (Perussia, *in stampa*), dedico anche una particolare attenzione al caso del Test delle Macchie d'Inchiostro.

In questa sede, voglio comunque presentare brevemente almeno alcuni aspetti, che in quel volume vengono ulteriormente approfonditi, relativi all'evoluzione scientifica di questo metodo. Presento dunque gli elementi essenziali che ci aiutano a capire meglio quanto il lavoro di Kerner sia rappresentativo per la psicologia contemporanea. Da qui in poi: sviluppo dunque più estesamente alcuni dati cui nelle righe precedenti ho solamente accennato.

Ai nostri occhi di studiosi e di studenti, le psicotecniche che si basano sulle Macchie d'Inchiostro appaiono originali per due ragioni principali. Il primo e più rilevante motivo che le rende così attraenti e memorabili è quel particolare stile grafico con cui le Tavole a Macchie d'Inchiostro sono prodotte.

Ancora prima di essere utilizzate come uno strumento psicologico, le Macchie d'Inchiostro sono anche un'opera artistica. Queste figure propongono lo stile di un artista originale. Le Tavole a Macchie d'Inchiostro sono realizzate seguendo forme espressive che, per richiamarci indicativamente ad alcune correnti classiche che caratterizzeranno la successiva arte moderna del Novecento, sembrano porre le basi sia dell'action painting sia dell'espressionismo astratto. Per cui è stato notato, qui e là, il possibile collegamento tra alcuni autori dell'astrattismo novecentesco e le Macchie d'Inchiosto; peraltro, ahimé, talvolta attribuendole (per l'ennesima volta: del tutto impropriamente) al solito Rorschach.

La seconda caratteristica essenziale delle Tavole a Macchie d'Inchiostro, la quale forse risulta essere meno significativa per il vasto pubblico, ma che in compenso è fondamentale per gli studiosi della personalità e per i professionisti della psicologia, è che le Tavole a Macchie d'Inchiostro possono essere utilizzate come stimoli particolarmente efficaci per manifestare e per studiare la nostra personalità di individui.

Data la loro vaghezza, che però è molto evocativa, le Tavole a Macchie d'Inchiostro offrono un efficace pretesto alla persona, cui vengono sottoposte, per esprimere parti profonde di se stessa. Siccome esiste una naturale disposizione, da parte degli esseri umani, a cercare sempre e comunque (o quasi) un qualche senso, per qualsiasi cosa essi incontrino: questi stimoli, apparentemente senza significato, vengono resi significativi dalla persona stessa, che ne trae spunto per ritrovare dei propri significati potenziali, i quali erano già in attesa di esprimersi, appena ne avessero avuta l'occasione, emergendo dal profondo della sua stessa anima.

Psykodiagnostic (Rorschach)

Abbiamo già ricordato che una parte del grande pubblico, assieme a molti psicologi e a molti studenti e curiosi di psicologia, conosce la forma artistica di queste macchie con il nome popolare di *Macchie di Rorschach*. Tale particolare forma grafica viene infatti attribuita d'ufficio, in una parte della cultura diffusa del Novecento, allo psichiatra svizzero Hermann Rorschach [1884-1922] e ad un suo testo che è stato stampato nel 1921.

Questo medico, che si era specializzato in psichiatria all'ospedale Burghölzli di Zurigo, è diventato molto noto, con il suo libro, parecchi anni dopo la sua morte. Attualmente disponiamo di molti elementi, che sono stati narrati successivamente, sulla sua vita e su quel suo lavoro psicometrico (Baumgarten-Traumer, 1942; Exner, 1974-1993; Pichot, 1984; Müller e Signer, 2004).

Hermann Rorschach è uno psichiatra con forte disposizione sperimentale, interessato ad alcuni temi classici della psicologia, come in particolare alla schizofrenia, alle sette religiose e all'ipnosi. Rorschach pubblica a Berna nel 1921 (come suo ultimo scritto, prima dell'improvvisa scomparsa all'età di soli 38 anni) un testo intitolato *Psychodiagnostik*, in cui utilizza un set di Tavole a Macchie d'Inchiostro, che fanno da stimoli per studiare la personalità di un campione di soggetti adulti (Rorschach, 1921).

Nonostante l'aura un po' mitologica che in seguito avvolgerà il libro, tale lavoro viene pubblicato dichiaratamente come un semplice testo di *Psicometria* (PSYCHODIAGNOSTIK in tedesco è il termine con cui si indica appunto tale materia) basato su un "semplice esperimento", come lo chiama l'autore stesso, di psicologia della percezione. Nel testo, Rorschach si riferisce alle macchie d'inchiostro definendole in primo luogo come nient'altro che delle ZUFALLSFORMEN; cioè: *Forme Casuali*.

Il test sviluppato da Rorschach, e su cui si incentra il suo lavoro psicometrico, consiste in realtà di 15 Tavole. Ma Bircher, l'editore delle *Arbeiten zur angewandten Psychiatrie* (Lavori di Psichiatria Applicata) in cui il lavoro esce come secondo volume della serie, accetta di pubblicare soltanto una selezione di 10 Tavole. Bircher dichiara infatti che sarebbe eccessivo dal punto di vista economico (con le costose tecniche tipografiche del tempo) stamparne di più. Rorschach, che da due anni sta cercando un editore senza mai trovarlo, accetta questo compromesso pur di vedere finalmente pubblicato il suo libro.

Hermann Rorschach muore di peritonite fulminante l'anno successivo alla pubblicazione del volume, che all'epoca raggiunge un successo, se possiamo dire, solo molto circoscritto. In sostanza: la tiratura rimane praticamente invenduta, mentre i pochi che si accorgono della sua uscita esprimono qualche perplessità sul contenuto.

Dieci anni dopo, nel 1932, la Psicometria di Rorschach viene pubblicata di nuovo, in una edizione curata da Walter Morgenthaler, [1882-1965], psichiatra molto interessato al mondo dell'arte, soprattutto a quella detta patologica o psicotica. Morgenthaler vi aggiunge un testo postumo, che afferma di avere recuperato da certe carte private di Rorschach stesso, in cui si esprimerebbe una disposizione alla interpretazione dei risultati di quel semplice esperimento anche secondo una chiave di lettura a base psicoanalitica freudiana.

Dieci anni dopo tale riedizione, lo psicoanalista Emil Oberholzer [1883-1958], che aveva collaborato brevemente con Rorschach e che era stato anche in cura da Freud, nel 1938 emigra negli Stati Uniti. In quel contesto, si adopera per pubblicare la prima edizione in lingua inglese della Psicometria di Rorschach, accompagnata dal testo postumo che era stato aggiunto da Morgenthaler, e che ormai viene proposto come se fosse stato parte integrante del lavoro originale. Nelle note a contorno di questa edizione: la dimensione psicoanalitica, che sarebbe stata latente nel lavoro di Rorschach, viene ulteriormente enfatizzata come elemento centrale (Rorschach, 1921-1942).

In seguito, molti altri psichiatri si propongono di trovare sempre nuove tavole di conversione, per trasformare l'esperimento di Rorschach in una chiave che permetta di assegnare con sicurezza delle diagnosi psicoanalitiche ai loro clienti. Si arriva così ad avere testi relativamente complessi per molte versioni diverse della medesima psicometria di Rorschach (soprattutto: diverse dalla versione che ne aveva fornito Rorschach) prodotte, tra gli altri, da: Beck (1937); Hertz (1938); Rapaport, Gill e Schafer, R. (1946); Piotrowski (1947); Klopfer e Davidson (1962) ecc.

Molti psichiatri di area psicoanalitica, soprattutto negli Stati Uniti, riprendono quindi l'esperimento di Rorschach e lo rilanciano, tanto che le Tavole a Macchie d'Inchiostro (di Rorschach?) e il relativo Test delle Macchie d'Inchiostro (di Rorschach?) diventano una delle icone assolute della psichiatria americana, come anche di una parte della psicologia psicodinamica europea.

Un ulteriore rilancio delle Tavole a Macchie d'Inchiostro interviene con la pubblicazione del corposo manuale con cui lo psicologo John Exner (1974-1993) sviluppa un altro nuovo sistema di interpretazione. Questa rinnovata chiave di lettura, definita Sistema Comprensivo, cerca di mettere assieme i precedenti sistemi di siglatura e di valutazione, in una chiave che sostanzialmente rinuncia alla sovrastruttura psicoanalitica, per ritornare ad un trattamento dei dati dal taglio fenomenologico e descrittivo.

Senza entrare qui nei dettagli di tale lungo e variegato processo di rilancio e di modificazione della Psicometria di Rorschach, voglio solo ricordare che la visione psicologica più popolare e semplicistica vede oggi il Test delle Macchie d'Inchiostro come se fosse un prodotto originale di Rorschach, anche per quanto riguarda la sua forma grafica. Per cui appunto, come abbiamo già ricordato e come è noto ai più: questo modo di dipingere viene definito spesso come Macchie di Rorschach. Mentre a Rorschach viene attribuita anche la scelta originale di utilizzare tali macchie come stimolo per un test. Per cui le macchie d'Inchiostro, ormai divenute *Macchie di Rorschach*, vengono chiamate spesso e volentieri *Test di Rorschach*.

Merita altresì ricordare ancora una volta che Rorschach, nel suo testo, non presenta le sue Tavole come se fossero un contributo particolarmente originale. Tiene invece a descrivere l'insieme del suo lavoro come un semplice "esperimento psicologico". Tutto il tono della sua Psicometria è quello di una memoria di lavoro, ancorché abbastanza sistematica, o di un rapporto di ricerca, più che quello di un trattato finalizzato a proporre una qualche nuova tesi originale.

I suoi epigoni, e più ancora quelli che si sono auto-nominati suoi supporter in epoche successive, tendono però a ignorare tale posizione di Rorschach, preferendo riferirsi a lui come ad un inventore, uno scopritore, uno scienziato radicalmente innovativo. Molti moderni estimatori del Metodo Rorschach sottolineano dunque di continuo la speciale quanto esclusiva qualità di una simile arte o tecnica o metodologia, per la valutazione della personalità, che in effetti Rorschach era probabilmente il primo a non ritenere di avere inventato.

Hermann Rorschach pubblica nel 1921 un testo di Psicometria, in cui utilizza delle Tavole a Macchie d'Inchiostro, che sono molto simili a quelle di Kerner. Mentre il metodo che Rorschach utilizza, per selezionare le Tavole e per siglarle, è quasi identico a quello ideato da Dearborn e da altri noti psicologi anglo-americani, i quali precedono largamente Rorschach nella costruzione del Test a Macchie d'Inchiostro per lo studio della personalità.

(Foto: Wikimedia Commons)

Per inciso, può riuscire utile ricordare qui anche un altro dettaglio, che contrasta con molte visioni psicologiche popolari, ma che ci aiuta a inquadrare meglio l'episodio storico.

Questo riguarda il fatto che Hermann Rorschach, pur avendo studiato alcuni testi di Freud ed avendo ovviamente seguito il lavoro di Jung, che era uno dei suoi professori al Burghölzli di Zurigo, non è uno psicoanalista militante. Prova un certo interesse culturale per questa posizione teorica, che è vista con favore anche dalle autorità del Burghölzli. Tra questi simpatizzanti c'è pure il suo Maestro e relatore Bleuler, il quale però nutriva verso la psicoanalisi un semplice interesse tra i molti altri, analogo a quello altrettanto vivace che nutriva per la sperimentazione psicologica di laboratorio, essendo pure convinto che le chiavi di lettura connesse a tali due prospettive (quella di Freud e quella di Wundt) fossero perfettamente conciliabili l'una con l'altra, benché molti le considerino antagoniste.[3]

---

[3] E' vero che Rorschach era stato nominato d'ufficio, dal suo amico e coetaneo e futuro promotore psicoanalitico Emil Oberholzer, vice-presidente della Schwei-

Ma il dato più sicuro viene, come sempre, dalla fonte originale. Nella Psychodiagnostik (1921) non c'è alcuna proclamazione specifica di interesse per la psicoanalisi. Anche se Rorschach immagina che le risposte prodotte al test possono naturalmente essere interpretate dagli psichiatri di qualsiasi scuola, compresa quella psicoanalitica. Freud è citato genericamente un paio di volte, mentre di Jung si ricorda il test delle associazioni libere.

C'è solo un paragrafo, lungo due pagine in tutto (V.5 dal titolo: *Il test e la psicoanalisi*) in cui Rorschach precisa che la sua tecnica delle Macchie d'Inchiostro non può certo essere utilizzata per sondare l'inconscio. Stabilito questo, dichiara che tuttavia le Macchie d'Inchiostro possono riuscire "di qualche aiuto" anche ad uno psichiatra di scuola psicoanalitica, più che altro perché possono stimolare l'emergere, per associazioni successive, di ricordi e di pensieri che sono significativi per il soggetto.

Rorschach non opera nemmeno alcun tentativo di collegare le risposte al Test delle Macchie d'Inchiostro con un qualche costrutto ricavato dalle teorie psicoanalitiche. Al contrario, le categorie diagnostiche utilizzate da Rorschach restano quelle classiche, e anche un poco becere, della psichiatria tardo-ottocentesca, per cui di fatto parla soltanto di: schizofrenia, neurastenia, debolezza mentale, esau-

---

zerische Gesellschaft für Psychoanalyse (Società Svizzera di Psicoanalisi), associazione culturale che lo stesso Oberholzer aveva fondato, con sua moglie Mira Ginzburg e con il pastore protestante Oskar Pfister, nel 1919. Ma vi partecipa in modo simile a come vi partecipa il suo maestro Bleuler, che se ne fa amabile ospite pur senza identificarsi più di tanto con questo genere di associazioni intellettuali. La partecipazione di Rorschach, e del suo relatore Bleuler, a qualche iniziativa pubblica organizzata da Oberholzer nell'area della psicoanalisi rende del resto ancora più debole l'ipotesi secondo cui Rorschach avrebbe concepito il suo test come uno strumento psicoanalitico, ma confinando tale sua concezione solo a degli appunti non pubblicati, che vengono scoperti da Morgenthaler dieci anni dopo. Per quale motivo infatti Rorschach avrebbe dovuto nascondere tale sua presunta scelta psicoanalitica, dato che il tema interessava un po' a tutti nel suo ambiente, e che comunque appariva già pubblicamente noto, almeno ai suoi colleghi, che Rorschach stesso era incuriosito da quella possibile linea di ricerca psichiatrica?

rimento nervoso, dementia simplex, ciclotimia, ebefrenia, psicosi maniaco-depressiva, epilessia, psicosi organica, demenza senile, ecc.

Tutto questo meccanismo risulta essere piuttosto curioso, tanto sul piano storico quanto sul piano scientifico-intellettuale. Merita dunque di essere ricordato, visto che alcuni psicologi tendono invece a immaginare l'abbinamento tra Rorschach e il Test delle Macchie d'Inchiostro come una specie di apparato freudiano. Ma questa è un'altra faccenda ancora; e non è questo il luogo per approfondirla.

Sta di fatto che, tra la gentile modestia di Hermann Rorschach e il vivace entusiasmo di quanti hanno ritenuto di esaltare il suo lavoro come unico e speciale, ha vinto temporaneamente questo secondo punto di vista (benché sia così distante dalla sensibilità di Rorschach stesso). Il che sicuramente non ci ha aiutato a inquadrare nel modo più esatto la natura di queste psicotecniche proiettive, né a conoscerne meglio la vera natura, e probabilmente nemmeno ad impiegarle al meglio nella nostra pratica professionale.

InkBlots Test (Dearborn)

Se si studia adeguatamente la materia psicologica, senza limitarsi semplicemente alla lettura delle dispense universitarie e dei riassunti per le scuole superiori (peraltro assai utili entrambi, ancorché mai sufficienti), si scopre con relativa facilità che neppure la scelta di utilizzare le Macchie d'Inchiostro come strumento per un test psicologico può essere considerata come un'invenzione di Rorschach.

La pratica del Test a Macchie d'Inchiostro è anzi una vera e propria tradizione di ricerca, sviluppata da alcuni psicologi di alto livello, internazionalmente noti e che pubblicano nelle riviste scientifiche più importanti e diffuse del loro tempo. Questa tradizione precede largamente Rorschach, per cui questi ne può essere considerato magari un brillante, ma solo un ennesimo, epigono.

Benché alcuni cultori del mito di Rorschach sembrino ignorare del tutto una simile circostanza, ci sono molti autori, negli Stati Uniti così come in Inghilterra e in vari altri Paesi del mondo, che pubblicano sistematicamente dei contributi scientifici sul Test delle Macchie d'Inchiostro. Tali scienziati innovativi mettono a punto proprio quegli strumenti che verranno poi usati nella Psychodiagnostik, molto prima della pubblicazione di Rorschach.

Il più rappresentativo tra questi ricercatori, emulati da Rorschach (o che sono dei predecessori di Rorschach?), è George Van Ness Dearborn [1869-1938], medico e psicologo sperimentalista che opera anche ad Harvard e alla Columbia University, ma che soprattutto è professore di psicologia generale al Tufts College di Boston.

Non entro qui nel dettaglio di questa ricca storia sperimentale (sempre rimandando per gli approfondimenti a: Perussia, *in stampa*), ma ricordo che Dearborn (1897) inventa, nel laboratorio di psicologia della Harvard University, una tecnica, che chiama dei "Blots of ink" che è intesa come test per la valutazione della persona.

George Dearborn pubblica il suo primo articolo in materia (25 anni prima del contributo di Rorschach) sulla *Psychological Review*, la più importante rivista psicologica americana dell'epoca. Dearborn produce poi diversi altri approfondimenti del metodo, compresa una taratura dello InkBlot Test su un campione rappresentativo, sempre nella forma di pubblicazioni dalla vasta diffusione internazionale (Dearborn, 1899, 1910, 1916). Lo scopo di Dearborn è esplicitamente quello di studiare la personalità dei soggetti, cui l'InkBlot Test viene somministrato.

La tecnica più tipica applicata da Dearborn prevede, tra l'altro: la scelta di 10 Tavole a Macchie d'Inchiostro, a partire da un pool di complessive 104; la misurazione del tempo di latenza nella reazione di risposta che viene attivata da ciascuna Tavola; l'identificazione e la registrazione dei "details" e delle determinanti che il soggetto impiega nella "apperception" di ciascuna Tavola.

Se poi qualcuno nutrisse ancora dei dubbi su quanto è diffuso l'utilizzo in psicologia dello InkBlot Test, per tutti i primi vent'anni del Novecento, possiamo ricordare facilmente molti altri scienziati, oltre a Dearborn, che hanno contribuito a fornire a Rorschach gli strumenti che questi applica nel suo libro.

Ad esempio: il fondatore della psicometria moderna Alfred Binet, insieme con il suo assistente franco-tedesco Victor Henri, pubblica un test di creatività a partire dalle Macchie d'Inchiostro, idea che i due ricercatori dichiarano di avere ripreso da Leonardo da Vinci. Ma il loro contributo si propone più come uno spunto per interventi futuri che non come un lavoro sistematico (Binet e Henri, 1895).

Utilizzano invece sistematicamente le InkBlot Tables per la valutazione della personalità, specie come Test per la dimensione immaginativa, creativa, emotiva o appercettiva, vari altri psicologi che operano nelle università soprattutto degli Stati Uniti, come ci ricordano le rassegne di Sharp (1899), di Seashore (1908) e di Ruediger (1918). In particolare, nella sua puntuale analisi dei migliori strumenti di ricerca sulla psicologia della personalità alla fine dell'Ottocento, che pubblica sullo *American Journal of Psychology*, Stella Sharp (1899) della Cornell University descrive e analizza ampiamente il Test delle Macchie d'Inchiostro, che descrive come il principale metodo disponibile tra quelli che si basano sulla *immaginazione passiva*.

Sharp (1899) sottolinea, tra l'altro, che: "I risultati ottenuti dagli esperimenti che impiegano questo specifico metodo sono suscettibili di una valutazione quantitativa, ma la loro dimensione qualitativa è di una eguale, se non maggiore, importanza".

Dal canto suo, Ernest Kirkpatrick (1900), della State Normal School di Fitchburg Massachusetts, utilizza un Test delle Macchie d'Inchiostro, composto di 4 Tavole, per studiare aspetti della personalità nei bambini delle scuole elementari. Mentre Cicely Parsons (1917), allo University College of South Wales nel Regno Unito, standardizza un test basato su 10 Tavole a Macchie d'Inchiostro, che somministra a un campione di 97 ragazzi, femmine e maschi di età intorno ai 7 anni, chiedendo loro di descrivere che cosa ci vedono, con lo scopo di ricavare dei dati che permettano una valutazione della loro personalità individuale.

Anna Rogers (1917), alla University of Illinois, costruisce un Test basato su 12 serie di immagini indeterminate, che sono ispirate al lavoro di Dearborn. Le immagini sono composte di InkBlot irregolari e Rogers chiede ai suoi soggetti (adulti) di trovare un significato per quello che ci vedono.

Anche Gustave Feingold (1915), Principal della Hartford's Bulkeley High School in Connecticut, pubblica un InkBlot Test di tipo appercettivo, per studiare sperimentalmente l'immaginazione delle persone, ma seguendo una metodologia piuttosto complicata. Pyle (1913, 1915), alla University of Missouri, produce delle norme statistiche per le risposte al Test delle Macchie d'Inchiostro, utilizzando campioni sistematici di soggetti.

Continuiamo nell'elenco. Howard Knox (1914), Chirurgo Assistente all'ufficio immigrazione di Ellis Island a New York, sottopone a InkBlot Test i migranti per valutarne le caratteristiche individuali; per cui pubblica una comparazione basata su un campione di 50 Italiani che stanno arrivando, dei quali metà vengono definiti come mediamente normali mentre l'altra metà vengono definiti come "idiot". Knox e il suo gruppo di lavoro considerano questo tipo di test migliore di altri, per valutare a persona, in quanto lo stimolo di partenza non è verbale e può quindi essere utilizzato anche con soggetti di cultura diversa.

Alla Cornell University, Freeman (1929), che verosimilmente non sa nulla del lontano (e mai circolato, ai suoi tempi) contributo svizzero-tedesco di Rorschach, che è stato pubblicato (buon ultimo) nel frattempo, sviluppa un ulteriore Test delle Macchie d'Inchiostro, in chiave proto-gestaltista, definendo tali stimoli: "Nonsense forms". Ma potremmo andare avanti ancora per un pezzo con altri esempi, nella tradizione dei molti che abbiamo appena riportato.

Comunque: il Test a Macchie d'Inchiostro vede con il Novecento una diffusione davvero globale (quanto del tutto indipendente dal successivo lavoro di Rorschach). Ne è un esempio, fra gli altri, anche lo psicologo russo Theodere Rybakow, all'Università di Mosca, che nel 1910 pubblica un manuale dedicato alla ricerca sperimentale sulla personalità, in cui utilizza un test basato su 8 Tavole a Macchie d'Inchiostro (Baumgarten-Traumer, 1942).

George Dearborn, professore di psicologia generale alla Tuft University di Boston, sviluppa il Test delle Macchie d'Inchiostro per studiare la personalità individuale, tra la fine dell'Ottocento e i primi anni del Novecento, in diversi lavori pubblicati in varie sedi internazionali (Dearborn, 1897, 1899, 1910, 1916).

(Courtesy: Smithsonian Institution Archives, Washington DC)

SOTTO: Alcune InkBlot che fanno parte del set originale prodotto e utilizzato da Dearborn (1897).

III, 1.   VIII, 10.   IX, 4.

FIGURE 2.

Persino l'inglese Sir Frederick Bartlett, il ben noto fondatore (tra altri) della psicologia cognitiva contemporanea, pubblica un lungo contributo sperimentale, sul *British Journal of Psychology* (Bartlett, 1916), in cui relaziona su una serie di esperimenti, dedicati principalmente allo studio cognitivo dell'immaginazione. Nel suo lavoro Bartlett impiega ampiamente, accanto ad altre tecniche, 36 Tavole a Macchie d'Inchiostro di vari colori, che vengono classificate come "Series 5, Ink-blots and ambiguous outlines", e che Bartlett dichiara esplicitamente di avere realizzato ispirandosi anch'egli a Dearborn (1897), a Kirkpatrick (1900), a Sharp (1899).

Bartlett analizza le risposte al suo test identificando, tra l'altro: la presenza di animali (che compaiono nel 59.5% delle descrizioni), gli oggetti inanimati, i racconti che contengono del movimento, gli indicatori di vitalità degli elementi in gioco, gli indizi che permettono di stabilire se il soggetto sta sviluppando una descrizione della Tavola a carattere globale o se invece si basa maggiormente sui dettagli.

Le istruzioni che Bartlett (1916) fornisce ai suoi soggetti sono: "Ecco un certo numero di macchie d'inchiostro. Non rappresentano niente di particolare, ma possono ricordare qualsiasi cosa. Vedi che cosa ne puoi fare, un po' come quando trovi certe volte delle forme nelle nubi, o quando scopri delle facce dentro una fiamma che brucia". Nel lavoro di Bartlett vengono riportati anche i protocolli integrali di molte risposte, che appaiono del tutto simili a quelle che vengono ricorrentemente fornite più o meno a tutti i Test delle Macchie d'Inchiostro (compreso quello successivo di Rorschach).

Infine, per completare il quadro, possiamo fare riferimento, anche a titolo riassuntivo, al capitolo che Guy Whipple (1915) della University of Illinois dedica allo InkBlot Test, nel suo Manuale che fonda l'approccio sistematico alla tecnica dei test negli Stati Uniti. Il capitolo di Whipple meriterebbe di essere ripubblicato per intero, ma per utilità di sintesi ne presento un estratto, attraverso i suoi passaggi più significativi.

Ricordo che tale capitolo si trova in un'ampia sezione dedicata a quelli che la scuola psicodinamica ha chiamato Test Proiettivi, ma che la tradizione psicologica generale chiama piuttosto *Test of Imagination and Invention*, (Whipple, 1915, Chapter XI, 254-260). Il primo e più tipico esempio dei Test di Immaginazione che vi viene presentato è appunto il Test delle Macchie d'Inchiostro, ma ci sono poi altri metodi: le associazioni libere, la costruzione di parole, il completamento di frasi, le invenzioni di storie, le interpretazioni di favole e così via.

Whipple (1915) sintetizza: "Nella loro discussione su una serie di test che propongono per l'esame delle differenze individuali nei tratti mentali, Binet e Henri, nel 1895, suggeriscono che la creatività sviluppata dalla immaginazione visuale possa essere studiata mediante una serie di macchie d'inchiostro. Due anni dopo, ma indipendentemente da loro, G. Dearborn pubblica indicazioni per preparare un set di InkBlot [...] Da allora Kirkpatrick ha utilizzato il Test delle Macchie d'inchiostro nelle scuole pubbliche con i bambini [...] Miss Sharp ha seguito l'indicazione di Binet e Henri in uno studio sulle differenze psicologiche individuali con studenti di Cornell [...] Pyle ha pubblicato il calcolo delle risposte medie che vengono espresse alle diverse età [...]."

La presentazione di Whipple continua: "Materiali - Serie standard di macchie d'inchiostro, numerate da 1 a 20 [...] Metodo - Procedura completa. Istruire come segue: «Ho qui una serie di 20 macchie d'inchiostro con delle forme di fantasia. Ti chiedo di metterle in ordine da 1 a 20, una per volta, per osservarle a tuo piacimento, e di raccontarmi (o di scrivere su un apposito foglio di risposta) che cosa puoi vedere in ciascuna tavola. Guardale anche in posizioni differenti. Naturalmente queste macchie non vogliono essere la raffigurazione di niente in particolare, ma io voglio che tu provi se la tua immaginazione può suggerirti l'immagine di qualche cosa dentro ad esso, così come talvolta ti ingegni a vedere che cosa puoi ritrovare nelle nuvole». [...] Kirkpatrick usava solo quattro tavole [... poi Whipple ricorda che Sharp ne usava 10 ...] Il test può essere somministrato anche in gruppo [...]" (Whipple, 1915).

[Successivamente, Whipple descrive alcune procedure per effettuare delle somministrazioni più rapide del Test delle Macchie d'Inchiostro ... Presenta poi vari modi per il trattamento dei dati ... Infine, dopo avere completato la rassegna dell'ampia letteratura scientifica in materia e dopo avere puntualmente inquadrato gli aspetti metodologici, il capitolo riporta una quantità di "Typical Results", tavola per tavola[4], di cui merita riportare almeno qualche esempio, scegliendo qui e là:]

Alcuni esempi tipici delle risposte, che vengono prodotte al Test delle Macchie d'Inchiostro di Dearborn e altri, sono: "Una signora seduta in poltrona ... Un pipistrello con le ali spalancate ... Le teste di due uccelli che cercano di mangiare qualche cosa che sta in mezzo a loro due ... Il fegato e il cuore di un uomo ... Una farfalla ... Un uomo che si toglie il maglione ... Una strega che vola per il cielo, davanti alla luna nuova ... Un grande scarafaggio ... Una barca piena di gitanti ... Un gufo, che ha appena messo un pesce davanti a lui, sul ramo di un albero ... I rubinetti dell'acqua calda e di quella fredda in una vasca da bagno ... La mappa degli Stati Uniti e di una parte del Canada ... La rappresentazione di due orsi che hanno la testa insieme ... Un diavolo piegato su qualche cosa ... Una vertebra della spina dorsale ... Un pallone dirigibile sul tipo dello Zeppelin, con una nuvola di vapore o di fumo che gli esce da sopra, e un'ancora di attracco che gli pende da dietro ... Un drago nel bosco ... Un piatto pieno di denti falsi ... Uno scoiattolo volante ... Una donna con il manicotto di lana nella mano sinistra e il cappello che viene quasi spazzato via dal vento ... Dei campioni geologici ... Un coccodrillo appeso per la testa ... Un bambino spaventato ... Una maschera falsa... La schiena di un orso ... Una mano chiusa, con il pollice e il mignolo, o un sesto dito, che si solleva ... Un orso [sic], con il vestito e il berretto da not-

---

[4] Nel Manuale di Whipple non vengono pubblicate delle riproduzioni visive delle Tavole utilizzate con maggiore regolarità, ma si direbbe che l'autore si riferisca ad un set ben definito e standardizzato, di tavole per la somministrazione del Test delle Macchie d'Inchiostro, che circola tra gli psicologi (anche se purtroppo non ne sono ancora riuscito a trovare una riproduzione esatta, se esiste).

te della nonna, come nella storia di Cappuccetto Rosso ... Due suore che si inchinano una all'altra ... Una cellula nervosa ... Un granchio ... Un fotografo, con la testa coperta dal panno per mettere a fuoco ... Una signora anziana con un bambino ... Un buco nel ghiaccio ... Una testa di indiano ... Un bassotto che scappa via con in bocca il mantello di qualcuno ... Una sezione del midollo allungato ... Un unicorno ..." (Whipple, 1915).[5]

A questo punto, è difficile pensare che Hermann Rorschach si sia sempre rifiutato di studiare la letteratura scientifica di riferimento per la sua materia, anche considerando: che era un ricercatore serio, che viaggiava in lungo e in largo per l'Europa, che proveniva da una famiglia di intellettuali tendenzialmente cosmopoliti, che era perfettamente poliglotta. Ma, se anche avesse ignorato la scienza del suo tempo (cosa cui non credo), ci ha pensato a evocargliela almeno un suo compagno di Università. Somministrava infatti da vari anni il test delle Macchie d'Inchiostro proprio il suo collega Szymon Hens, all'ospedale Burghölzli di Zurigo, nel luogo principale della formazione psichiatrica di Rorschach.[6]

In particolare, la tesi di dottorato di Hens viene presentata nel 1917, con Bleuler (che è il comune Maestro sia di Hens sia di Rorschach) come relatore. La tecnica sviluppata da Hens consiste nell'impiego di otto Tavole a Macchie d'Inchiostro, che vengono somministrate a un campione di un migliaio di soggetti, sia considerati normali sia diagnosticati psicopatici, di un po' tutte le età. Le reazioni dei soggetti al test vengono cronometrate da Hens, mentre le trascrizioni delle risposte vengono siglate con un sistema di codifica

---

[5] E' quasi inutile notare, almeno quando mi rivolgo a quanti possiedono qualche conoscenza di psicologia, che questo campione di risposte tipiche coincide in tutto e per tutto con le risposte che vengono tipicamente fornite al Test delle Macchie d'Inchiostro utilizzato da Rorschach.

[6] Il lavoro di Szymon Hens (Gurwitz, 1951) viene evocato anche da Rorschach, nel paragrafo § IV.13 della sua Psicometria. Hens è anzi l'unico, di tutti gli autori o utilizzatori del Test delle Macchie d'Inchiostro che lo precedono (e che cito nel presente lavoro), di cui Rorschach parli chiaramente nel suo testo.

organizzato e sistematico (decisamente simile a quello che userà anche Rorschach).

Il che non toglie nulla alla buona volontà e all'impegno del giovane Hermann Rorschach, che sappiamo essere sempre stato schivo e portato a sottolineare (nel suo testo) il fatto di non avere inventato nulla di particolare. Tutto questo merita però di essere ricordato, poiché la nostra conoscenza scientifica si basa più sulla realtà dei fatti che non sul loro fraintendimento. Per cui: sapere chi ha fatto che cosa aiuta anche a capire meglio che cosa effettivamente si è fatto; per poi usarlo nel migliore dei modi.

Justinus Kerner

L'invenzione dello InkBlot Test si deve soprattutto alla tradizione psicologica americana. Il suo ulteriore sviluppo è più in generale di cultura anglofona. L'invenzione delle Macchie d'Inchiostro, come modi per esprimere il nostro animo profondo, è invece tendenzialmente più europea, o meglio ancora mitteleuropea. Justinus Kerner ne è l'esempio maggiore e più determinante.

Justinus Andreas Christian Kerner [1786-1862] è nato a Ludwigsburg nel Württemberg. E' un famoso medico professionista, che si specializza nell'allora pionieristico lavoro della psichiatria, e che opera a contatto con i pazienti per tutta la vita.

Kerner raggiunge molto presto una vasta fama internazionale anche come poeta e come intellettuale. La sua vena letteraria, per dirla in poche parole, è caratterizzata da uno spirito romantico, del tipo che avrà molto successo anche nel secolo successivo, caratterizzato da: costante riferimento alla natura, nostalgia, attenzione agli aspetti spirituali dell'esistenza, che sconfina in un interesse per il fantastico e per il soprannaturale; il tutto sempre accompagnato da una sottile vena di (auto)ironia e talvolta di vero e proprio umorismo.

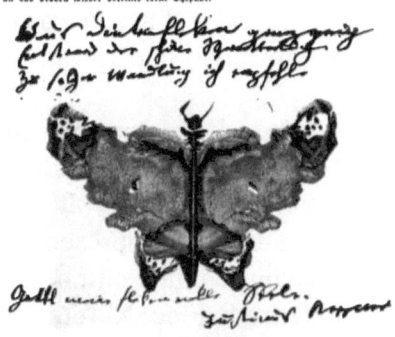

ACCANTO: Pagina di un manoscritto di Kerner, che contiene anche il suo autografo, sia in testo corsivo sia in forma di Kleksographien. Questa facciata del manoscritto si ritrova anche, fedelmente ripresa, alla pagina 577 (qui riprodotta) della terza edizione della *Deutsche Literaturgeschichte* di Robert Koenig, pubblicata nel 1879. Il bel manuale di Koenig è stato molte volte stampato, ristampato, aggiornato e utilizzato anche come libro di testo per i licei, nei Paesi dove si studia la Letteratura Tedesca.

SOTTO: Un esempio delle Tavole utilizzate da Rorschach come strumento di supporto alla sua Psychodiagnostik del 1921. Questa è la Tavola n.5, delle 10 complessive.

(Entrambe le immagini sono state prodotte da chi scrive. Quella sotto è a partire da una copia originale pre-bellica delle Tavole di Rorschach, che si trova nella collezione privata di Psicotecnica, ma è presente anche in Wikimedia Commons)

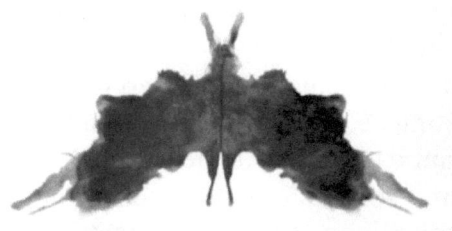

Insomma: Kerner è considerato uno dei maggiori e più originali intellettuali tedeschi dell'Ottocento, specie per quanto riguarda il suo ruolo di protagonista nella tradizione romantica. E' autore di numerosi testi, spesso di immediato e ampio successo. La sua casa di Weinsberg è meta costante di estimatori entusiasti, che lo raggiungono da tutta Europa (Reinhard, 1862).

Il musicista Robert Schumann (1840) si considera onorato di mettere in musica i poemi di Kerner, con i suoi ben noti Kerner-Lieder. Il filosofo Arthur Schopenhauer (1836, 1852) si ispira più volte a lui. Avendo deciso di raccogliere la poesia tedesca più rappresentativa tra il 1750 e il 1900, la German Library raccoglie una ventina di autori che considera i Maestri di questa grande tradizione. Naturalmente, accanto a Goethe, Schiller, Holderlin, Novalis, Heine, trova ovvio antologizzare anche Kerner (Browning, 1984). La città di Stoccarda, nella Kernerplatz che è stata a lui intitolata, gli ha eretto un monumento, scolpito nel 1934 da Carl Eisele, che contiene alla base anche una fontana zampillante, verosimilmente in onore alla sua disposizione naturalistica.

Justinus Kerner, lo abbiamo già ricordato, è un famoso psichiatra, ma è anche un personaggio centrale per la tradizione più spiritualista del romanticismo (Heinzmann, 1908; Straumann, 1928; Ackermann, 1939). In particolare: è considerato il pioniere della riforma spirituale tedesca (Howitt e Reinhard, 1883). Il dibattito sui vari aspetti della originalità intellettuale di Kerner, al di là dei suoi contributi come medico, è sempre stato molto vivo e senza interruzione, da un paio di secoli a oggi (Gruber, 2000; Braun, 2007).

Il successo come poeta e come personaggio poliedrico non ci può tuttavia fare dimenticare che Justinus Kerner è anche un punto di riferimento per la medicina romantica tedesca, assieme a Christoph Hufeland, Samuel Hahnemann, Johann Blumenbach, Andreas Röschlaub, in uno scenario di ispirazione fondamentalmente kantiana. Il contributo di Kerner viene generalmente sottolineato non solo dal punto di vista scientifico e intellettuale, ma anche per il suo essere un operatore professionale molto concreto, nella pratica clinica quotidiana della nascente psichiatria (Castle, 1844; Peters, 1990).

SOPRA: Justinus Kerner: in un ritratto di Ottavio d'Albuzzi, del 1852 (a sinistra); e in un altro ritratto tedesco, del 1860 (a destra).

ACCANTO: Una stampa che rappresenta Kerner seduto nella sua famosa casa di Weinsberg, dove si riunivano tanti intellettuali dell'epoca.

(Immagini: Wikimedia Commons)

Kerner, in particolare, è uno dei grandi promotori del magnetismo animale (quella che oggi chiamiamo ipnosi e suggestione), a cui dedica un manuale che è esattamente coevo alla sua Kleksographien (Kerner, 1856); quasi a testimoniare, anche nei tempi, l'evidente continuità tra lo studio espressivo delle Macchie d'Inchiostro e la psicologia dinamica del profondo. Talvolta la sua ricerca sul magnetismo si allarga all'analisi, allora molto diffusa e fatta coincidere appunto con l'ipnotismo, del sonnambulismo, delle cosiddette tavole parlanti e della medianità (Kerner, 1840, 1853).

Il caso clinico più famoso, tra quelli trattati e descritti da Kerner, è certo quello universalmente conosciuto come il Caso della Veggente di Prevorst (Kerner, 1829). Kerner, in qualità di medico, avvicina personalmente le vicissitudini della protagonista di questa storia: Friederike Hauffe [1801-1829], nata nel villaggio di Prevorst, che sin dai suoi nove anni aveva avuto delle visioni in specchi e bicchieri, o sentiva parlare o incontrava quelli che definiva come spiriti.

Kerner, dopo che Friederike gli viene portata nel 1826 per un trattamento, e dopo avere constatato che la medicina tradizionale non produce alcun effetto su di lei, la tratta a lungo con l'ipnosi (allora chiamata appunto magnetismo) ottenendo un certo successo. Kerner descrive puntualmente il suo intervento, in un libro che viene editato e ristampato più e più volte, raggiungendo subito un enorme successo di pubblico in tutta Europa, tanto che il lavoro viene pubblicato regolarmente ancora ai giorni nostri. Si tratta peraltro di una delle prime circostanze in cui l'ipnosi viene utilizzata anche per cercare di comunicare con queste immagini di spiriti o di recuperare eventuali rappresentazioni di vite passate o comunque in chiave regressiva.

Un altro caso clinico di Kerner che è assai noto, benché non quanto quello della Veggente di Prevorst, è il caso della Posseduta di Orlach (Kerner, 1831). Kerner affronta e descrive anche molti altri casi clinici di questo tipo, che gli vengono proposti per le sue rinomate competenze di psichiatra (Kerner, 1834, 1836).

KleksoGraphien

La Kleksographien di Kerner viene pubblicata per la prima volta dall'editore tedesco Deutschen Verlags-Anstalt, che all'epoca ha sede a Stoccarda, Lipsia, Berlino e Vienna. E' un volume di cm 16.2 x 23.7, dallo spessore di circa cm 1.2. E' ben rilegato, probabilmente a mano, con un'elegante copertina rigida ricoperta di una stoffa color panna, leggermente cerata e impressa a secco sul bordo con degli elementi ornamentali. La parte frontale del libro (ripresa in copertina del presente volume) riporta alcuni disegni di Kerner in nero, in uno spazio leggermente scavato che ha la sagoma di ciascuna delle tre Kleksographien riportate, così come avviene per il titolo e per il nome dell'autore, che sono in corsivo rosso. Il dorso dell'edizione è nello stesso inchiostro rosso del titolo e del nome in copertina.

Il volume della Kleksographien si compone di 80 pagine di testo e illustrazioni, cui seguono 4 pagine di pubblicità editoriale che presentano altri libri recenti dell'editore. Nel testo originale non viene riportata la data di stampa, ma vari studiosi che si sono occupati del libro, e in particolare il bibliotecario dell'Università di Heidelberg, concordano nel datare questa prima edizione pubblica verso il 1890.

L'edizione Deutschen Verlags-Anstalt ha un carattere moderatamente lussuoso, coerente con gli alti costi che una pubblicazione illustrata implica a quei tempi. Ma si tratta comunque di un lavoro potenzialmente di ampia circolazione: è assai attraente dal punto di vista grafico, mentre è firmato da un autore il quale è davvero molto noto e di successo nella Mitteleuropa di lingua tedesca.

Al giorno d'oggi risulta assai difficile reperire tale prima edizione, per cui è diventata un pezzo da collezionisti. Tale rarità rappresenta un motivo ulteriore che spinge a condividere la fruizione dell'originale, attraverso una sua riproduzione (compito cui cerco di adempiere qui).

Deutschen Verlags-Anstalt è uno dei grandi editori mitteleuropei a carattere scientifico nell'Ottocento, in un'epoca in cui la scienza tedesca è il punto di riferimento per tutto il mondo; in modo simile a quanto avverrà nel Novecento per la scienza statunitense. Per cui l'opera di Kerner gode, al tempo della sua pubblicazione originaria, di una vetrina decisamente globale, che si rivolge a tutta l'Europa.

La Kleksographien viene scritta e illustrata da Kerner a metà dell'Ottocento e poi, una volta che l'opera è compiuta, viene conservata in privata sede. Al tempo, Kerner è ormai ultra-settantenne, la sua vista è molto indebolita, tanto da essere ormai ipovedente. Morirà pochi anni dopo.

Probabilmente l'autore non ha trovato il tempo o la forza di seguire materialmente l'immediata trasposizione a stampa del suo lavoro. Il testo è però completo in ogni dettaglio, come si vede nell'edizione. Contiene una prefazione ufficiale, che svolge la funzione del visto-si-stampi, datata febbraio 1857.

L'editore Deutschen Verlags-Anstalt sviluppa il libro di propria iniziativa, rendendosi ben conto del suo notevole interesse potenziale, e lo stampa successivamente. La prima edizione pubblica è in effetti un'edizione postuma.

Una successiva riproduzione della Kleksographien verrà prodotta anche all'interno delle *Opere Scelte* di Kerner, in sei volumi, curate da Raimund Pissin (1914, VI.37-85). Quest'ultima versione, ben diffusa nei paesi di lingua tedesca dagli anni '10 del Novecento, è meno raffinata da un punto di vista grafico, rispetto alla prima edizione originale, per cui occupa meno pagine, in quanto le strofe e le Tavole di Kerner sono messe in una disposizione che le vede molto ravvicinate l'una con l'altra, e con scarso respiro di spazi bianchi in mezzo. Ma il contenuto testuale e grafico di tale nuova edizione appare sostanzialmente identico alla prima.

Dare a Kerner quel che è di Kerner, come anche a Dearborn (e pure a molti altri)

La conoscenza dei fatti reali aiuta la scienza. Nel caso della psicologia, così come di altre discipline, la correttezza dei dati deve essere anche di natura storica. Molte teorie e molte tecniche sono meno comprensibili sul piano intellettuale, e sono pure meno efficaci sul piano scientifico e professionale, se noi non raggiungiamo una conoscenza lucida e chiara dei loro autentici presupposti, così come delle loro genuine implicazioni originali.

Se una persona è convinta che la teoria della gravitazione universale è stata inventata dall'onesto redattore del suo manuale di scienze naturali alle scuole superiori, questo non l'aiuterà certo a capire fino in fondo l'autentica natura della scienza fisica. Né gli fornirà un buon punto di riferimento per il suo percorso personale di pensiero critico, sia quando eventualmente cercasse di operare in qualità di scienziato sia, più in generale, come persona consapevole che si occupa di altre faccende, ma che è intellettualmente curiosa di coltivare la conoscenza del mondo nella sua forma migliore.

La filiazione diretta della Psychodiagnostik di Rorschach dalla Kleksographien di Kerner è stata in realtà evocata, almeno a grandi linee, da qualche studioso, forse più attento di altri (tra cui: Pichot, 1984; Weber, 1984; Weltzien, 2011). Ma una parte significativa degli psicologi contemporanei, così come molti psichiatri negli Stati Uniti e specialmente fra i professionisti meno sofisticati, sembra però rimanere piuttosto ignorante in materia.

Herman Rorschach è un personaggio interessante, gentile e umanamente simpatico, ma certo sarebbe difficile sostenere che il suo contributo sia stato rivoluzionario per la ricerca psicologica. L'artista Rorschach è infatti molto lontano dall'avere inventato l'impronta grafica che utilizza per le macchie d'inchiostro. Cosi come lo psichiatra Rorschach è molto lontano dall'avere inventato il Test a Macchie d'Inchiostro. Per cui: Rorschach è evidentemente un valido quanto gradevole ricercatore, ma niente di più.

In particolare, la presente ripubblicazione dell'elegante Kleksographien originale di Kerner ci testimonia di quanto la scelta di utilizzare sistematicamente una simile forma artistica, come strumento per riflettere il mondo interiore, sia appunto da attribuire al grande medico e poeta tedesco già dalla metà dell'Ottocento.

Il che ci aiuta, una volta di più, a precisare come una parte non piccola di quello che circola attualmente in psicologia è, almeno per taluni aspetti, solo una versione popolarizzata di quanto è già stato realizzato efficacemente da tempo, magari uno o due secoli prima.

Riporto tutto questo, cercando anche di restituire a Kerner (e a ciascuno degli altri psicologi che abbiamo qui ricordati) ciò che

133

ognuno giustamente merita, in base alla profonda convinzione che attingere direttamente agli originali sia sempre preferibile rispetto allo studio delle copie.

D'altronde: i ricercatori innovativi sono inesorabilmente pochi, almeno rispetto alla generalità degli epigoni e al grande numero degli onesti operatori che agiscono nell'alveo della cosiddetta mainstream science, i quali pure hanno sempre portato degli eccellenti contributi allo sviluppo normale della scienza. Torniamo dunque a chiamare le cose con il loro nome, a collocarle nel loro giusto posto, a inquadrare i contributi che hanno fatto grande la psicologia nel loro genuino contesto originale.

Riferimenti bibliografici

Ackermann, O. (1939). *Schwabentum und Romantik; geistesgeschichtliche Untersuchungen über Justinus Kerner und Ludwig Uhland, von Otto Ackermann*. Breslau: Priebatsch.

Bartlett, F.C. (1916). An experimental study of some problems of perceiving and imagining. *British Journal of Psychology*, 8, 222-266.

Baumgarten-Traumer, F. (1942). Zur Geschichte des Rorschach Test. *Schweizer Archiv für Neurologie und Psychiatrie*, 50, 1-13.

Beck, S.J. (1937). *Introduction to the Rorschach method: A manual of personality study*. New York: American Orthopsychiatric Association.

Binet, A., Henri, V. (1895). La psychologie individuelle. *Année Psychologique*, 2(1), 411-465.

Braun, P. (2007). *Mediale Mimesis: Licht- und Schattenspiele bei Adelbert von Chamisso und Justinus Kerner*. München: Fink.

Browning, R.M. (1984) editor. *German Poetry from 1750 to 1900: Goethe, Holderlin, Nietzsche and others*. New York: German Library, Continuum.

Castle, M.A. (1844). *Phrenologische Untersuchung des Doktor David Friedrich Strauss: Durch allgemeine phrenologische und philosophische Anmerkungen erläutert, nebst einer Antikritik auf Dr. Scheve's Bemerkungen über Seite 57 der Analyse des Characters Dr. Justinus Kerner's*. Heilbronn: Drechsler'sche Buchhandlung.

Dearborn, G.V.N. (1897). Blots of ink in experimental psychology. *Psychological Review*, 4(4), 390-391.

Dearborn, G.V.N. (1899). Recognition under objective reversal. *Psychological Review*, 6(4), 395-406.

Dearborn, G.V.N. (1910). Notes on the Discernment of Likeness and of Unlikeness. *Journal of Philosophy, Psychology and Scientific Methods*, 7(3), 57-64.

Dearborn, G.V.N. (1916). *How to learn easily*. Boston: Little Brown.

Exner, J.E. (1974-1993). *The Rorschach: A comprehensive system: In 3 Volumes*. New York: Wiley.

Feingold, G.A. (1915). The influence of suggestion on imagination. *American Journal of Psychology*, 26(4), 540-549.

Freeman, G.L. (1929). An experimental study of the perception of objects. *Journal of Experimental Psychology*, 12(4), 341-358.

Gruber, B. (2000). *Seherin von Prevorst: Romantischer Okkultismus als Religion, Wissenschaft und Literatur*. Paderborn: Schöningh.

Gurwitz, M.S. (1951). A forerunner of Rorschach. *Journal of Consulting Psychology*, 15(2), 120-122.

Heinzmann, F. (1908). *Justinus Kerner als Romantiker*. Tubingen: Laupp.

Hertz, M.R. (1938). Scoring on the Rorschach Ink-Blot Test. *Journal of Genetic Psychology*, 52, 15-64.

Howitt, A.M., Reinhard, A. (1883). *The pioneers of the spiritual reformation. Life and works of Dr. Justinus Kerner (adapted from the German.) William Howitt and his work for spiritualism. Biographical sketches*. London: Psychological Press Association.

Kerner, J.A.C. (1829). *Die Seherin von Prevorst: Eroffnungen uber innere Leben und uber das Hineinragen einer Geisterwelt in die unsere*. Stuttgard: Cotta.

Kerner, J.A.C. (1831). *Geschichte des Mädchens Von Orlach*. Schwäb. Hall: Wilhelm.

Kerner, J.A.C. (1834). *Geschichten Besessener neuer Zeit, Beobachtungen aus dem Gebiete kako-dämonisch-magnetischer Erscheinungen, nebst Reflexionen von C. A. Eschenmayer über Besessensein und Zauber*. Karlsruhe: Braun.

Kerner, J.A.C. (1836). *Nachricht von dem Vorkommen dès Besessenseins eines dämonisch-magnetischen Leidens und Seiner schon in Altertum bekannten Heilung durch magisch magnetisches Einwirken, in einem*

Handschreiben an don Obenmedizinalrat Dr. Schelling in Stuttgart. Stuttgart und Augsburg: Cotta.

Kerner, J.A.C. (1840). *Magikon: Archiv Fur Beobachtungen Aus Dem Gebiet Der Geisterkunde Und Des Magnetischen Und Magischen Lebens Nebst Anderen Zugaben Für Freunde Des Innern.* Stuttgart: Ebner und Teubert.

Kerner, J.A.C. (1853). *Die somnambülen tische. Zur geschichte und erklärung lieser erscheinung.* Stuttgart: Ebner und Seubert.

Kerner, J.A.C. (1856). *Franz Anton Mesmer aus Schwaben; Entdecker des thierischen Magnetismus. Erinnerungen an denselben, nebst Nachrichten von den letzten Jahren seines Lebens zu Meersburg am Bodensee.* Frankfurt: Literarische Anstalt.

Kerner, J.A.C. (1857-1890). *Kleksographien: Mit Illustrationen nach den Vorlagen des Verfassers.* Stuttgart, Leipzig, Berlin, Wien: Deutschen Verlags-Anstalt. [Il libro è del 1857; la prima edizione a stampa è del 1890, ma forse precedente]

Kerner, J.A.C. (1914) editor Raimund Pissin. *Kerners Werke.* Berlin, Leipzig, Wien, Stuttgart: Deutiches Verlagshaus Bong.

Kirkpatrick, E.A. (1900). Individual tests of school children. *Psychological Review*, 7(3), 274-280.

Klopfer, B., Davidson, H. (1962). *The Rorschach Technique.* New York: Harcourt Brace.

Knox, H.A. (1914). A comparative study of the imaginative powers in mental defectives. *Medical Records*, 85, 748-751.

Koenig, R. (1879). *Deutsche Literaturgeschichte.* Bielefeld und Leipzig: Velhagen und Klasing.

McEnery Stuart, R., Paine, A.B. (1896). *Gobolinks: Or shadow-pictures for young and old.* New York: Century.

Müller, C., Signer, R. (2004) editors. *Hermann Rorschach (1884–1922): Briefwechsel.* Bern CH: Huber.

Parsons, C.J. (1917). Children's interpretations of ink-blots. *British Journal of Psychology*, 9, 74-92.

Perussia, F. (in press). *Psicotecniche proiettive: Introduzione a PsyLogy.* Milano.

Perussia, F., Guarna, R. (2012). *PsyLogy Tables: Introducing the official format.* Milano: Psicotecnica.

Peters, U.H. (1990). *Studies in German romantic psychiatry: Justinus Kerner as a psychiatric practitioner, E.T.A. Hoffmann as a psychiatric theorist / by Uwe Henrik Peters*. London: Institute of Germanic Studies, University of London.

Pichot, P. (1984). Centenary of the birth of Hermann Rorschach. *Journal of Personality Assessment*, 48, 591-596.

Piotrowski, Z. (1947). A Rorschach compendium. *Psychiatric Quarterly*, 21, 79-101.

Pyle, W.H. (1913). *The examination of school children: A manual of directions and norms*. New York: Macmillan.

Pyle, W.H. (1915). The mind of the negro child. *School and Society*, 1, 357-360.

Rapaport, D., Gill, M., Schafer, R. (1946). *Diagnostic psychological testing*. Chicago: Year Book Publishers.

Reinhard, A. (1862). *Justinus Kerner und das Kernerhaus zu Weinsberg*. Tübingen: Osiander.

Rogers, A.S. (1917). An analytic study of visual perceptions. American Journal of Psychology, 28(4), 519-577.

Rorschach, H. (1921). *Psychodiagnostik: Methodik Und Ergebnisse Eines Wahrnehmungs-Diagnostischen Experimentes (Deutenlassen Von Zufallsformen)*. Arbeiten zur angewandten Psychiatrie, Vol 2. Bern CH: Bircher.

Rorschach, H. (1921-1942). *Psychodiagnostics: A diagnostic test based on perception. - Including Rorschachs paper: The application of the form interpretation test; published posthumously by dr. Emil Oberholzer*. Bern: Huber; New York: Grune and Stratton.

Ruediger, W.C. (1918). Thought and the higher mental processes. *Psychological Bulletin*, 15(10), 356-358.

Schopenhauer, A. (1836). *Animalischer Magnetismus und Magie*. Über den Willen in der Natur N 109. Sämtliche Werke, Vol 4. Suttgart: Cotta.

Schopenhauer, A. (1852). *Versuch uber das Geistersehn und was damit zusammenhangt*. Parerga und Paralipomena. Sämtliche Werke, Vol 4. Suttgart: Cotta.

Schumann, R. (1840). *Schumann's Liederreihe. 12 gedichte von Justinus Kerner für eine singstimme mit begleitung des pianoforte. Op. 35. No. 1. Lust der sturmnacht. No. 2. Stirb, lieb' und freud.'No. 3. Wanderlied. No. 4. Erstes grün. No. 5. Sehnsucht nach der Waldgegend. No. 6. Auf das trinkglas eines verstorbenen freundes. No. 7. Wanderung. No. 8.*

Stille liebe. No. 9. Frage. No. 10. Stille thränen. No. 11. Wer machte dich so krank? No. 12. Alte laute. Ausgabe fur sopran.- Ausgabe für alt. Leipzig, Dresden und Chemnitz: Klemm.

Seashore, C.E. (1908). *Elementary experiments in psychology.* New York: Holt.

Sharp, S.E. (1899). Individual psychology: A study in psychological method. *American Journal of Psychology*, 10(3), 329-391.

Straumann, H. (1928). *Justinus Kerner und der okkultismus in der deutschen romantik.* Horgen-Zürich/Leipzig: Verlag der Münster.

Weber, M. (1984). Kerners «Kleksographien» und Rorschachs «Psychodiagnostik». *Gesnerus*, 41(1-2), 101-109.

Weltzien, F. (2011). *Fleck-Das Bild der Selbsttätigkeit: Justinus Kerner und die Kleksografie [sic] als experimentelle Bildpraxis zwischen Ästhetik und Naturwissenschaft.* Göttingen: Vandenhoeck und Ruprecht.

Whipple, (1915). Test 45: Ink-Blots. In: *Manual of mental and physical tests. Part II: Complex processes. A book of directions compiled with special reference to the experimental study of school children in the laboratory or classroom.* Baltimore: Warwick and York, 254-260.